Hans-Georg Noack
Rolltreppe abwärts

Hans-Georg Noack, geboren am 12. Februar 1926 in Burg bei Magdeburg, ist einer der bekanntesten deutschen Jugendbuchautoren. In seinen Büchern setzt er sich vor allem mit Themen wie Jugendkriminalität, Drogensucht und Rassenhaß auseinander.

Von Hans-Georg Noack sind in den Ravensburger Taschenbüchern außerdem erschienen:

RTB 4001	Die Milchbar zur bunten Kuh (vorher RTB 201)
RTB 4004	Trip (vorher RTB 320)
RTB 4006	Benvenuto heißt willkommen (vorher RTB 374)
RTB 4007	Die Abschlußfeier (vorher RTB 385)
RTB 4012	Die Webers (vorher RTB 591)
RTB 4017	Hautfarbe Nebensache (vorher RTB 696)
RTB 4092	David und Dorothee (vorher RTB 819) (zusammen mit Ingeborg Bayer)

Hans-Georg Noack

ROLLTREPPE ABWÄRTS

Mit einem Nachwort
des Autors

Otto Maier Ravensburg

Lizenzausgabe
als Ravensburger Taschenbuch Band 4003
(vorher RTB 299),
erschienen 1974

Die Originalausgabe erschien
im Signal-Verlag Hans Frevert, Baden-Baden

Die vorliegende Taschenbuchausgabe ist leicht
bearbeitet und wurde durch ein Nachwort
des Autors erweitert.

Umschlagillustration: Eberhard Weißflog

Gesamtherstellung: Ebner Ulm
Printed in Germany

40 39 38 37 36 97 96 95 94 93

ISBN 3-473-54003-X

1

Neben dem Mann mit dem dreieckigen Gesicht und dem geübten Lächeln ging Jochen über den katzenkopfgepflasterten Hof zum Haus Nr. 9. Das Rasenstück in der Mitte war grau wie der Anzug des Hausvaters, und die fünf Geranien darin erfüllten ihren Zweck so wenig wie die grellrote Krawatte. Sie heiterten nicht auf.

Jochen hielt den Blick auf die Steine gesenkt. »Wenn ich bis zur Haustür noch zwölfmal, nein, zehnmal, Papier auf dem Weg liegen sehe«, dachte er, »dann wird alles halb so schlimm. Zehnmal, das ist nicht zuviel und nicht zuwenig. Zehnmal, das ist fair.«

Der Pappverschluß einer Milchflasche: Nummer eins. Dann nichts mehr. Doch, da! Silberpapier von einem Kaugummi: zwei. Gleich daneben eine verwitterte Zigarettenschachtel, kaum noch zu erkennen: drei. Aber bis zum Hause blieben nur noch ein paar Schritte. Die Tüte auf der untersten der fünf Stufen galt nicht mehr. Außerdem bückte sich Herr Katz auch noch, hob sie auf, knüllte sie zusammen und warf sie in den Papierkorb gleich hinter der Tür. Vier anstatt zehn. Kein gutes Ergebnis, oder vielleicht gerade gut. Es weckte keine Hoffnungen, die ja doch trügen mußten. Jawohl, mußten!

Die Hecke dort draußen war eine Mauer; das Lindgrün der Wände verkapptes Gefängnisgrau. Die Fenster heuchelten Offenheit, sie verbargen tückisch ihre Gitterstäbe. Der Mann mochte noch so freundlich tun; das lautlose Klappern des unsichtbaren Schlüsselbundes blieb. Alles war Lüge! Auch das Schild am Eingang. Besonders das Schild! Warum stand dort »Heim« und nicht Kerker, Zuchthaus, Anstalt oder sonst ein ehrliches Wort? Warum »Fürsorge« und nicht Besserung, Strafe, Zwang oder gar Erziehung? Warum »für Jungen« und nicht, wie es doch gemeint war, für Strolche, Lumpen, Gauner, kurz, für den Abschaum?

Wer seinem Gegner einen Hieb in die Magengrube versetzen will, darf nicht weit ausholen. Ein angekündigter Schlag ist halb so wirksam. Plötzlich, unerwartet, ansatzlos muß ein Stoß kommen, dann erreicht er, was er erreichen soll. Aber die Leute hier verstanden ihr Geschäft. Sie sorgten dafür, daß nichts bedrohlich aussah. Niemand sollte sich gedrängt fühlen, auf der Hut zu sein.

Dann war er leichter zu packen. Das freundliche Bild war Heimtücke, nichts sonst. Alles war Lüge!
Nein, nicht alles. Die fünfzehn Gesichter logen nicht. Ihre Neugier war ungespielt und unverhohlen.
Jochen sah fünfzehn Jungen, die ihre Blicke von den Tellern zur Tür wandten. Sie schätzten den Neuen ab, den sie erwartet hatten, denn auf seinem Bett lagen schon frische Überzüge bereit, und sie wußten im voraus jedes Wort, das Kater jetzt sagen würde. Jedes Wort bis auf den Namen. Das war die einzige Abwechslung.
»Na, schmeckt es euch, Jungs?«
»Jawohl, Herr Katz, naja, es geht, frag nicht so blöd, danke, Herr Katz, Schlangenfraß . . .« Alles zusammen ergab zum Glück unverständliches Gemurmel.
»Fein! Mir hat es jedenfalls sehr gut geschmeckt. Hier bringe ich euch einen Neuen. Jürgen-Joachim Jäger heißt er.«
Dreimal Jot, das fiel auf. Schon verzogen sich einige Gesichter grinsend.
»Ich habe mich ausführlich mit ihm unterhalten, und ich muß sagen: ein feiner Kerl! Mir gefällt er, und euch wird er bestimmt auch gefallen. Helft ihm, daß er sich schnell bei uns einlebt. Seid nett zu ihm! Nun, ihr seid ja unsere Veteranen, ihr wißt Bescheid. Herr Hamel, Sie haben doch sicher einen Platz für unseren neuen Freund freigehalten? Ach ja, ich sehe schon! Setz dich dorthin, Jäger, und laß es dir schmecken! Ist erst der Magen satt, wird auch das Herze fröhlich. Morgen sehen wir dann weiter. Guten Abend, Jungs! Guten Abend, Herr Hamel! Ich bin noch in meinem Büro, falls Sie die Akte einsehen wollen . . .«
Herr Hamel blieb an seinem Platz hinter dem bereits leeren Teller. »Setz dich, iß!« sagte er mit einer hohen Stimme, die nicht zu seiner breiten Brust paßte. »Und beeil dich, damit wir nicht zu lange auf dich warten müssen! Pudel, du bist sein Babysitter!«
»Jawohl, Herr Hamel!« Ein aufgeschossener Junge mit straff und naß zurückgekämmtem blondem Haar schob mit dem Fuß den freien Stuhl zurück. »Komm, Neuer! Hier kannste sitzen!«
Auf dem Teller lag ein Brathering.
»Wurst und Käse waren auch noch da«, erklärte der Lange. »Muß einer weggefressen haben. Na, heute abend brauchste nicht soviel. Kommst ja von draußen, und am ersten Abend vergeht einem hier sowieso der Appetit. Biste Schiffer? . . . Ob du

Pipi ins Bettchen machst, will ich wissen! Nee! Dann kannste Tee trinken. Deutsche Apfelschale, echt, langweilig und sehr gesund. Na, los doch, wir wollen fertig werden!«
Jochen aß hastig. Die anderen drei am Tisch sahen ihm zu.
»Wie heißte?« fragte Pudel. »Das hab ich vorhin nicht richtig mitgekriegt.«
»Jürgen-Joachim Jäger. Einfach Jochen.«
»Achjottachjottachjott! Jürgen gibt's schon, Achim auch, Jochen auch. Du heißt Jojo, ist das klar?«
Na schön, also Jojo. Darauf kam es nicht an. Manche Eltern waren wirklich zu dumm. Sie konnten noch nicht einmal einen Namen aussuchen. Jürgen-Joachim Jäger, das war kein Name, sondern eine Aufforderung zum Spott. Ob der Pastor sich wohl bei der Taufe erkundigt hatte, ob da auch bestimmt kein Irrtum vorlag, oder ob der Vater vielleicht ein Glas zuviel getrunken hatte? Zuzutrauen war's ihm immerhin. Zu Hause hatte kein Mensch jemals Jürgen-Joachim gesagt. Dort hieß er Jochen, und hier also Jojo. Warum auch nicht? Wenn der lange Kerl Pudel hieß. Er sah eigentlich eher nach einem Windhund aus.
Herr Hamel stand auf und schob den Stuhl unter den Tisch. Die Jungen kamen schurrend und polternd auf die Beine und stellten sich hinter ihre Stühle. Jochen spülte den letzten Bissen mit einem Schluck Tee hinunter.
»Wer hat Tischdienst?« fragte der Erzieher, und als sich ein Junge mit einem kahlgeschorenem Kugelkopf meldete, sagte er: »Terrier! Das hab ich mir doch gleich gedacht! Heute früh haben die Tische nur so geklebt! Mehr Sorgfalt bitte ich mir aus! An kleinen Dingen erkennt man einen Menschen. Anschließend ist Freizeit im Haus. Pudel, du gehst und erklärst dem Neuen, was er wissen muß, dann bringst du ihn zu mir. Dackel betet!«
Achim verzog das Gesicht. Ob der Dackel jetzt die Pfötchen faltete?
Sein Gegenüber senkte andächtig das Gesicht und zischelte etwas mit »Speistrankdank«, dann murmelten alle, und es klang wie »'n Abend« oder auch wie »Amen«.
»Los, komm!« sagte Pudel. »Daß wir's bald hinter uns haben. Ich habe heute noch was andres vor.«
Viel war nicht zu zeigen und zu erklären. Schuheputzen im Keller. Für jeden ein Fach. Gleich daneben Duschraum, Waschraum, Toiletten. »Wenn du 'n bißchen was angestellt hast, kann-

ste putzen, bis du schwarz wirst!« Dann wieder die Treppen hinauf. Im Tagesraum scheuerte der glatzköpfige Terrier die Tische mit Sand, zwei andere warteten, ein Halmaspiel in der Hand, daß sie sich endlich setzen konnten. Eine Tür führte auf einen Flur mit zwei Nischen. In der einen wucherten Kakteen, in der anderen stießen bunte Fische in grünlichem Wasser die Mäuler an Glaswände. Auf der anderen Seite führten zwei Türen in die beiden Schlafräume.

An der einen Wand zwischen Tür und Fenster waren acht schmale Schränke aufgereiht. Genau in gleicher Höhe klebte an jeder Holztür ein großes farbiges Bild aus einem Hundekalender.

»Das hier ist deiner«, sagte Pudel und deutete auf die Schranktür mit dem Bild eines Boxerrüden vor rotem Samt. »Wie Hammel dich nennen wird, siehste ja. Boxer. Immer noch besser als Pudel. Und da drüben, das ist dein Bett. Das untere. Über dir liegt Dackel, und ich schlafe rechts von dir. Hoffentlich redest du nicht im Schlaf, und wenn du schnarchst, schlage ich dir die Rippen blau, ist das klar?«

Auf dem Bett lag bereits alles aufgestapelt, was Jochen vorhin im Koffer mitgebracht hatte. Er setzte sich auf den Bettrand, zog die Sonntagshose aus dem Stapel, griff in die Tasche. Die Zigaretten waren nicht mehr da.

»Dackel, zeigst du dem Neuen, wie er den Schrank einräumen muß? Ich will noch mal an die Hecke.«

»Ist gut«, stimmte Dackel zu und sprang polternd vom oberen Bett, während Pudel ein Weilchen in seinem Schrank kramte und eilig verschwand, noch einmal zurückkam und sagte: »Bring ihn zu Hammel! Der will ihn noch massieren!«

Dackel war auf den Zentimeter so groß wie Jochen und ebenso schlank, nur sein Haar war blond und viel kürzer. Er betrachtete Jochen prüfend. »Deine schwarze Lockenpracht werden sie dir hier noch ganz schön stutzen«, prophezeite er. »Am besten ist, du gehst jetzt gleich zu Hammel, dann hast du's hinter dir. Ich helfe dir nachher, dann wird der Schrank auch noch vor dem Duschen fertig.«

Dackel klopfte an, öffnete auf das »Herein!« von drinnen die Tür des Erzieherzimmers und schob Jochen mit sanftem Druck hinein. Er selbst ließ sich nicht sehen. Wenn Hammel merkte, daß nicht Pudel, sondern er den Neuen brachte, gab es nur unangenehme Fragen.

Herr Hamel hatte eben die Akte aus der Hand gelegt, als Jürgen Joachim Jäger sein Zimmer betrat. Die Unterlagen der Zugänge sah er sich nach Möglichkeit immer vor dem ersten Gespräch an. Es wurde verlangt, und es konnte auch hilfreich sein; aber im Grunde verließ er sich viel lieber auf seinen geübten Blick. Wenn man seit zweiundzwanzig Jahren in diesem Geschäft arbeitete, so meinte er, wußte man von der ersten Minute an, was von einem Jungen zu halten war. Im Laufe der Zeit hatten Hunderte von Jungen so vor ihm gestanden, und oft genug hatte Hamel seinen ersten Eindruck mit dem vergleichen können, was später aus diesen Burschen geworden war.
Anfangs, so erklärte er oft, bereiteten diejenigen die wenigsten Schwierigkeiten, die unmittelbar aus der Freiheit kamen. Sie ahnten noch nicht, was sie erwartete, deshalb warteten sie ab. Packte man sie dann gleich richtig an, so wurden sie gefügig, umgänglich, unkompliziert. Mit denen, die schon aus anderen Heimen kamen, war die Arbeit viel unangenehmer. Die hatten schon bei der ersten Begegnung jenen lauernden Blick, der den Erzieher nach seinen Schwächen abtastete.
Nach Hamels Meinung konnte man die Jungen nach einigen Äußerlichkeiten ziemlich sicher einstufen und wußte dann, woran man mit ihnen war. Die mit den trotzig zusammengekniffenen Lippen wurden leicht zu Rebellen; ihnen mußte man sofort deutlich machen, daß sie keine Chance hatten, wenn sie die Auflehnung, die aus ihren Gesichtern sprach, in die Tat umsetzten. Und dann gab es die anderen, die mit dem unschuldigen Kinderlächeln, die sehr ordentlich vor dem Erzieher standen und jedes Wort mit einer unsichtbaren Verbeugung begleiteten. Sie wußten, wie man sich einschmeichelt. In gewisser Hinsicht erleichterten sie die Arbeit, denn von ihnen erfuhr man manches, was sonst verborgen blieb. Andererseits brachten sie die Gruppe leicht in Aufruhr, weil sie sich bei den anderen unbeliebt machten. Schwierig waren sie im Grunde genau wie die anderen auch. Schwierig waren sie alle, fand Herr Hamel, sonst wären sie schließlich nicht vor seinem Schreibtisch gelandet.
Darum war es gut, wenn man die Akten gelesen hatte. Manche von diesen Neuen wirkten mitleiderregend unschuldig. Dann war es nützlich, wenn man ihre Erzählungen sofort mit dem vergleichen konnte, was in den Akten stand.
Jürgen Joachim Jäger war einer von den Fällen, die der Erzieher

am wenigsten mochte. Freiweillige Erziehungshilfe, FEH, wie es kurz genannt wurde. Von der Mutter beantragt, die nichts mehr mit ihm anzufangen wußte. Allerdings war Hamel überzeugt, daß der Bursche auch dann ins Heim gekommen wäre, wenn die Mutter es nicht beantragt hätte – ein paar Wochen später vielleicht –, und dann auf dem Umweg über das Jugendgefängnis. Straftaten standen genug in der Akte. Nur an der Strafmündigkeit fehlten noch ein paar Tage. Dreizehn Jahre und zehn Monate.
Auf den ersten Blick glaubte Hamel zu wissen, daß Jochen einer von denen war, mit denen man es besonders schwer hatte; gerade weil er einen guten Eindruck machte: sauber gekleidet, was bei denen, die aus dem Elternhaus kamen, durchaus nicht selbstverständlich war, Schuhe geputzt, das schmale, bräunliche Gesicht von auffällig großen Augen beherrscht; ziemlich wildes lockiges Haar (der einzige Hinweis auf mangelnde häusliche Disziplin) erinnerte an jene hübschen Zigeunerjungen, die manche Maler gern als Modelle verwenden.
Jochen blieb an der Tür stehen und sah den Erzieher abwartend an. Sein Gesicht war ohne Trotz und ohne Lächeln.
Ein beinahe höfliches Gesicht, dachte Hamel. Der wirkt fast so, als käme er aus einem guten Stall. Man könnte sich wundern, wie der hier landen konnte.
Doch Herr Hamel ließ sich nicht täuschen. Er kannte die Akten. Wortlos sah er Jochen lange an. Das hielt er für eine gute Eröffnung. Solange ein Junge noch nicht wußte, was man mit ihm vorhatte, machte ihn das Schweigen unsicher, und er konnte dann seine Gedanken nicht mehr vollkommen verbergen.
Dann endlich begann der Erzieher das Gespräch in der Weise, die sich nach seiner Erfahrung bewährt hatte.
»Guten Abend, Boxer«, sagte er, und Jochen nickte zur Antwort.
»Ich heiße Hamel und bin dein Gruppenerzieher. Ob es uns nun paßt oder nicht, wir werden in der nächsten Zeit miteinander auskommen müssen. Wahrscheinlich bist du nicht gern hier, und das kann ich gut verstehen. Aber du bist nun einmal hier, und deshalb mußt du dich einfügen. Je besser dir das gelingt, desto früher können wir empfehlen, daß du wieder nach Hause gehen kannst. Verstehst du das?«
Jochen nickte.
»Ich bin kein Unmensch, das wirst du schon merken. Aber ich verlange Einordnung, Unterordnung, Gehorsam. Wenn du dir

das gleich von heute an klarmachst, kann dir hier nicht viel passieren. Wenn nicht, machst du dir nur selbst das Leben schwer. Mir auch, gewiß, aber das macht nichts. Ich bin Kummer gewöhnt. Außerdem habe ich den längeren Arm. Du kannst mir gar nicht schaden, aber ich dir. Wenn man so lange Erzieher ist wie ich, kennt man alle Tricks, alle Unverschämtheiten, alle Heimlichkeiten. Ob du es glaubst oder nicht: Manchmal weiß ich früher als ihr selbst, was ihr denkt und was ihr vorhabt. Wann du wieder entlassen wirst, das hängt unter anderem von deinen Beurteilungen ab, und diese Beurteilungen schreibe ich. Wenn du daran denkst, wirst du auch einsehen, daß Auflehnung dir nur schaden kann. Ist das klar?«
Jochen nickte.
»Du bist neu hier, und alle anderen aus unserer Gruppe kennen den Betrieb schon länger, zum Teil schon seit Jahren, manche von klein auf. Sie werden dir allerlei erzählen, aber du darfst nicht alles glauben. Die meisten von diesen Kerlen lügen schon, wenn sie nur den Mund aufmachen. Sie werden dir so nach und nach erzählen, warum sie hier sind, und bei den meisten wird es gelogen sein. Die einen tun wie Unschuldslämmer, die anderen prahlen mit ganz unmöglichen großen Verbrechen, weil sie sogar damit noch angeben wollen. Aber Unschuldsengel sind hier Mangelware, das kannst du mir glauben, und gefährliche Gangster sind auch selten. Keiner ist jedenfalls ohne einen triftigen Grund hier. Das weißt du ja auch von dir selbst. Ein paar sind in der Gruppe, die versuchen werden, dich zu allen möglichen Dingen zu verführen. Sieh dich vor! Wenn irgend etwas vorfällt, wenn ich irgend etwas merke, kümmere ich mich nicht darum, wer es angezettelt hat. Hier heißt es: Mitgefangen – mitgehangen! Auf Diskussionen lasse ich mich gar nicht erst ein. Hast du das begriffen?«
Jochen nickte.
»Gut. Ich bin dein Erzieher. Das heißt, ich bin für dich verantwortlich. Du kannst mit allem zu mir kommen. Jederzeit. Wenn du Fragen hast, bin ich für dich da. Wenn du Probleme hast, mit denen du nicht fertig wirst, helfe ich dir. Aber das kann ich nur, wenn du Vertrauen zu mir hast. Wenn du in der Gruppe irgend etwas feststellst, was nicht in Ordnung ist, dann komm zu mir. Auch daran werde ich sehen, ob ich auch zu dir Vertrauen haben kann. Daß man sich nicht immer ganz fehlerfrei benehmen kann, weiß ich so gut wie du. Ich bin nicht kleinlich. Aber es gibt ein paar Dinge,

bei denen ich sehr hart werden kann. Wenn du hier bei uns klaust, geht es dir dreckig. Dafür sorgen schon die anderen, und ich mische mich in solchen Fällen nicht ein. Wenn du lügst, kriegst du Schwierigkeiten mit mir. Und irgendwelche Schweinereien verbitte ich mir. In unserer Gruppe gibt es das nicht. Ich denke, wir verstehen uns. In welcher Klasse bist du?«
»In der neunten.«
»Haupt- oder Sonderschule?«
»Hauptschule.« Es klang fast ein wenig entrüstet.
Hamel hob die Augenbrauen. Mit denen, die es ohne Unterbrechung bis zur neunten Klasse gebracht hatten, gab es oft besondere Probleme. Die waren die Intelligenz, und den Sonderschülern fühlten sie sich oft mächtig überlegen. Dann versuchten sie, ihre klügeren Köpfe als Waffen gegen die anderen zu gebrauchen. Andererseits war es manchmal auch ganz nützlich, einen Jungen in der Gruppe zu haben, der aufgeweckter war als die anderen. Dieser Jürgen Joachim Jäger sah ganz so aus.
»Gut, wir haben uns verstanden. Und nun erzähl mir einmal, warum du zu uns gekommen bist.«
Er sah Jochen scharf an, der kniff die Lippen zusammen und wurde rot, sah auf die Schuhspitzen und schwieg.
»Nun?«
»Weil meine Mutter mich loswerden wollte.«
»Wie meinst du das?«
»Sie wollte mich nicht mehr haben. Einfach abgeschoben hat sie mich! Einfach in ein Fürsorgeheim gesteckt!«
Der Erzieher schüttelte den Kopf, und sein Gesicht verriet besorgtes Bedauern.
»Das ist ein schlechter Anfang, Boxer. Ein ganz schlechter. Deine Mutter soll also schuld daran sein, daß du hier bist. Ich kann es nicht leiden, wenn einer nicht zu dem steht, was er angestellt hat, und anderen die Schuld in die Schuhe schieben will. Aber mir kannst du nichts vormachen, mein Lieber! Ich weiß, was du alles angestellt hast, und ein kluger junger Mann, der es bis zur neunten Klasse Hauptschule gebracht hat, muß ja wohl ein gutes Gedächtnis haben und es auch wissen. Also? Warum bist du hier?«
»Weil meine Mutter mich verpfiffen hat!« Jochen sah den Erzieher noch immer nicht an, und seine Stimme klang sehr trotzig.
»So, so, verpfiffen hat sie dich also. Das Wort stammt ja wohl aus der Sprache der Ganoven und Verbrecher, nicht wahr? Solche

Ausdrücke werde ich dir schon noch abgewöhnen. Und jetzt will ich endlich von dir wissen, warum du wirklich hier bist!«
Es kam dem Erzieher darauf an, den Widerstand gleich am ersten Abend zu brechen. Es war nicht gut, solche Trotzhaltungen durchgehen zu lassen. Sie verfestigten sich leicht, und dann hatte man nur noch größeren Ärger.
»Also rede!«
Jochen schwieg.
»Nun, wird's bald?«
»Ich bin hier, weil meine Mutter mich hergeschickt hat. Weil sie mich loswerden wollte! Weil sie keine Mutter ist! Gemein ist sie, und sie mag mich nicht, und sie will mich nicht mehr haben!«
»Jetzt habe ich genug, Boxer!« Hamel sagte es ganz ruhig, fast freundlich. Er ließ sich nicht durch einen verstockten Jungen aus der Ruhe bringen. »Morgen brauchst du ja noch nicht zur Schule zu gehen, da hast du genug Zeit zum Nachdenken. Du schreibst einen Aufsatz ›Warum ich hier bin‹, und morgen abend gibst du ihn bei mir ab, verstanden? Und nun raus!«
Von diesem ersten Abend an hatte Herr Hamel den Eindruck, daß dieser Jürgen Joachim Jäger ein schwieriger Fall sein würde, und sein erster Eindruck täuschte ihn selten. Er kannte sich aus mit diesen Burschen. Im Grunde waren sie alle gleich. Fast alle.

Jochen sagte nichts mehr, drehte sich nur um und ging hinaus. Er konnte nichts sagen, weil er doch nicht gleich am ersten Abend diesem Herrn Hamel etwas vorheulen konnte.
Und was hatte der Erzieher denn gegen das einzuwenden, was Jochen gesagt hatte? Es stimmte doch! Wort für Wort! Wenn er jetzt hier war, in diesem Heim, diesem Gefängnis, wenn er mit sieben anderen Jungen eine Stube teilte, die so etwas wie ein Hundezwinger war – wer hatte ihm das eingebrockt? Die Mutter und niemand sonst!
Was alles in der Akte stehen mochte, konnte Jochen sich gut denken. Und wahrscheinlich war auch davon jedes Wort wahr. Darin stand keine Lüge, keine richtige Lüge. Das waren bestimmt lauter Tatsachen, und an Tatsachen läßt sich nicht rütteln. Aber lügen kann man mit Tatsachen. So furchtbar lügen, daß nichts mehr wahr ist an solcher Akte.
Als Jochen in seine Stube zurückkam, war niemand darin, und er legte sich auf sein Bett.

Mütter sind da, damit sie auch dann zu ihren Söhnen halten, wenn sie etwas angestellt haben. Jawohl! Angestellt hatte er etwas, oder auch eine ganze Menge. Zugegeben. Aber die Mutter konnte ihn doch deswegen nicht einfach fortgeben! Es war ungerecht. Es war eine Gemeinheit. Ja, gemein – so gemein wie an diesem Abend vor ein paar Wochen.
»Meinst du vielleicht, ich sehe zu, wie du zum Verbrecher wirst? Denkst du, ich will, daß alle mit dem Finger auf mich zeigen und sagen, das ist die Mutter von dem da, von dem Lumpen? Nein, Jochen, das mache ich nicht mit! Ehe ich mir nachsagen lasse, ich hätte nicht richtig für dich gesorgt, gebe ich dich weg. Jawohl! Ich gebe dich dahin, wo man besser auf dich aufpassen kann! Vielleicht kann man da einen anständigen Menschen aus dir machen. Ich kann es nicht, und ich will mir später keine Vorwürfe machen lassen!«
Weggeben wie irgend etwas, was man nicht mehr braucht oder nicht mehr haben will. Einfach weggeben!
»He Jojo, träum nicht! Denkste, wir wollen auffallen, weil du nicht fertig wirst? Los, zieh dich aus. Bloß Turnhose und Hausschuhe, Handtuch um den Hals, Seife in der Hand. Duschen und dann geht's in die Falle!«
Jochen zog sich aus, stellte sich vor seinen Schrank wie die anderen, bis Herr Hamel kam und mit ihnen in den Duschraum hinunterging. »Turnhosen aus!«
Jochen genierte sich, doch die anderen schienen daran gewöhnt zu sein.
»Wasser an! Einseifen! Los, los, Beeilung! Wasser aus! Werdet fertig mit dem Einseifen! Wasser an! Abspülen! Wasser aus! Abtrocknen!« Jochen sah, wie die anderen sich beeilten, und wischte sich hastig mit dem Handtuch die Seife aus den Ohren.
»Turnhosen an! Und hinauf!«
Wenige Minuten später kam Hammel in die Stube, und alle lagen bereits in den Betten. Ganz freundlich war er. »Gute Nacht, Dakkel, Pudel, Cocker, Terrier, Boxer, denk an den Aufsatz, schlaf gut, was man die erste Nacht träumt, geht in Erfüllung. Gute Nacht, Pinscher, Dogge, Windhund! Und jetzt kein Wort mehr! Auch mit dem Neuen nicht! Ich lasse die Tür auf!«
Es wurde dunkel und still. Draußen ging Hammel auf und ab. Seine Schuhe knarrten leise. Nach einiger Zeit gewöhnten sich die starrenden Augen an die Dunkelheit und ließen sie heller wirken. Ein

dunklerer Schatten kroch über die obere Bettkante. Dackel reckte erst den Kopf, dann die Hand herunter.
»Schlaf gut, Jojo!« Es war kaum zu hören. Die Hand suchte in der Dunkelheit, bis Jochen sie drückte, dann verschwanden Hand und Kopf, und alles war still. Nur draußen auf dem Flur knarrten die Schuhe noch ein paar Minuten auf und ab, dann verschwanden sie, eine Tür wurde geschlossen.
Pudel wälzte sich herum und flüsterte: »He! Jojo!«
Jochen antwortete nicht, starrte auf den Rahmen des oberen Bettes.
»Wie bin ich nur hierhergeraten?« dachte er. »Wie ist das alles nur gekommen?«

2

Als er den Schlüssel verlor zwischen Nebel und Laub, war niemand daheim, der ihm öffnete. Er hängte die Schulmappe an die Türklinke, dann ging er seinen Weg Schritt für Schritt noch einmal, durchspähte den Nebel, durchforschte das Laub, fand einen Groschen, ein Notizbuch mit leeren Seiten, aber nicht den Schlüssel. Er kehrte um, doch die Tür war verschlossen. Das konnte nicht anders sein, denn es war Mittag, und die Mutter kam erst am Abend, der Vater seit zwei Jahren gar nicht mehr.
Auf der Herdplatte stand eine Pfanne mit zerschnittenen Kartoffeln, gewürfeltem Speck, einem Klümpchen Margarine. Vielleicht lag ein Zettel daneben: »Schlag ein Ei darüber« oder: »Im Kühlschrank steht Hering in Gelee.« Das ergab ein Essen, mit dem man es bis zum Abend aushalten konnte, doch Jochens hungriger Magen und die Bratkartoffeln konnten zusammen nicht kommen; die Tür blieb verschlossen.
Für den gefundenen Groschen gab es beim Bäcker an der Ecke ein Brötchen, ein Sahnebonbon und einen Kupferpfennig* – für einen knurrenden Magen nicht viel. Außerdem kroch der Novembernebel in das Brötchen und ließ es pappig werden.
Jochen durfte nie einen Schulfreund mit nach Hause bringen, deshalb wußte er keinen, zu dem er gehen konnte.

* Hier und an einigen anderen Stellen kann man merken, daß die Erzählung nicht heute spielt, sondern im Jahre 1971. Inzwischen haben sich die Brötchenpreise und manches andere geändert. Für Jochens Geschichte ist dies jedoch ohne Bedeutung.

Er setzte sich auf die Treppe und sah die Tür an. Das half nicht weiter. Im Treppenhaus zog es, und es war immer noch Mittag, noch lange bis zum Abend.
Frau Hennings in der Wohnung gegenüber sagte sicher nicht nein, wenn er fragte, ob er wohl bei ihr warten und inzwischen seine Hausaufgaben erledigen könnte, aber dann war es auf der zugigen Treppe immer noch besser. Die Nachbarin redete und redete, sie würde ihn gleich noch einmal losschicken und ihm zahllose Ratschläge mit auf den Weg geben, wie sich der Schlüssel bestimmt wiederfinden ließe, und dann war sie magenkrank, und ihr beständiges Rülpsen konnte einen gesunden Magen umstülpen, und ihre kinderliebe Freundlichkeit war schwer zu ertragen, weil sie für fünfjährige Mädchen vielleicht paßte, für dreizehnjährige Jungen aber zu einer Kette von gutgemeinten Kränkungen, Herabsetzungen und Beleidigungen führte.
Jochen stand auf und sprang die Treppe hinunter, denn ihm war die richtige Lösung eingefallen. Wenn er jetzt nicht zu schnell quer durch die Stadt bummelte, die Filmplakate ansah und vor den Schaufenstern Weihnachtswünsche nährte, konnte er um zwei Uhr am Jugendfreizeitheim sein. Da ließ sich der Nachmittag ganz angenehm verbringen. Das erzählten wenigstens manche aus der Klasse, Jochen wußte es nicht aus eigener Erfahrung. Bis zum Jugendheim war es ziemlich weit.
Der Novembernebel formte sich zu Tropfen, die noch unentschlossen waren, ob sie sich zum ersten Schnee verdichten sollten. Die Feuchtigkeit lag so schwer in der Luft, daß es wenig Spaß machte, durch die Straßen zu bummeln. Sogar die Schaufenster waren trübe und ohne den Glanz, der schon an Weihnachten denken lassen könnte.
Ein paar Minuten fehlten noch an zwei Uhr, als Jochen vor der Glastür des Jugendfreizeitheimes stand. Drinnen wischte eine Frau den Flur, sah ihn, winkte, als wollte sie ihn verscheuchen oder doch wenigstens vom Eintreten abhalten, obwohl die Tür doch ohnehin verschlossen war. Jochen wartete fröstelnd.
Genau um zwei Uhr kam ein Mann. Er hielt schon den Schlüssel in der Hand und wollte aufschließen, dann sah er Jochen in der Türecke stehen und fragte:
»Willst du hier rein?«
»Hm«, Jochen nickte.
»Da hast du aber heute Pech gehabt.«

»Wieso? Ich kann nämlich zu Hause nicht in die Wohnung, wissen Sie, und da dachte ich . . .«
»Sonst jeden Tag, mein Junge, nur heute ist ausnahmsweise geschlossen. Wir haben hier eine Tagung der Kreisjugendpfleger, weißt du. Da stört der Krach sehr, wenn das ganze Haus voll ist. Aber morgen kannst du ja wiederkommen. Wir freuen uns über jeden, und schließlich sind wir ja für euch da.«
Der Mann schloß auf, betrat das Haus, schloß die Glastür wieder hinter sich und nickte Jochen noch einmal durch die Scheibe zu. Eigentlich machte er einen sehr freundlichen Eindruck, und das Haus wirkte richtig vornehm. Vielleicht sollte man wirklich ab und zu hingehen.
Wohin nun? Noch gut vier Stunden waren totzuschlagen, und sie wurden vom Wetter gedehnt. An den Knien schien der Nebel zuerst durch die Hosen zu kriechen.
Auf dem Wall faulte das Laub vor sich hin, in der Goetheallee parkten die Autos in Pfützen.
Das Kaufhaus war ein Lichtblick. Jochen blieb ein Weilchen auf dem Gitterrost am Eingang stehen. Warmluft wurde in die Hosenbeine und unter den Anorak geblasen. Das war das erste Angenehme an diesem Nachmittag.
Mädchen schoben sich kichernd vorbei. Eine dicke Frau mit zwei Einkaufstaschen schimpfte, weil Jochen ihr im Wege stand. Die Schwingtüren waren unaufhörlich in Bewegung.
Jochen trat ein. Es war hell und warm. Grellfarbene Wollfäustlinge, zu einem hohen Berg getürmt, erinnerten daran, daß sich draußen der Winter vorbereitete.
Bonbons zum Selbsteinfüllen, Modeschmuck, Fotoapparate und Ferngläser. Frauen mit Beuteln und Taschen schoben sich durch die Gänge, den Blick starr auf das nächste Ziel gerichtet. Andere schlenderten ziellos, unentschlossen. Vielleicht wußten sie noch nicht, was sie kaufen wollten; oder sie wollten gar nichts kaufen, sondern suchten nur Trockenheit und Wärme, genau wie Jochen.
Ein Mann in weißem Kittel, von einer kleinen Menschentraube eingezwängt, bewies mit einem Wortschwall und heftig reibend, daß seinem neuen Mittel kein einziger Fleck widerstehen könne.
Die Rolltreppe baggerte Menschenschlangen in die oberen Stockwerke. Jochen ließ sich hinauftragen und roch einen nassen Wollmantel vor sich. Erster Stock. Bunte Stoffe. Zweiter Stock. Haushalt, Elektro, Schallplatten, Spielwaren.

Ein Angestellter mit einem Bündel Papiere in der Hand stand dicht an der Rolltreppe und sah nicht in die Zettel, die er durchblätterte, sondern auf ein paar Jungen, die sich am Spielwarenstand zu schaffen machten. In manchen Abteilungen konnte man gar nicht genug aufpassen.
Jochen betrachtete bunte Plattenhüllen. Heintje und Udo, Drafi und die Bee Gees. An der Plattenbar war ein Hocker frei. Er griff zum Hörer: »Anuschka, wie kann man nur so sein . . .«
Im dritten Stock Möbel, Schuhe, aus dem Imbißraum Duft, der den Magen an seine Leere erinnerte. Ein pappiges Brötchen und ein Sahnebonbon waren wirklich nicht genug.
Rolltreppe abwärts. Im zweiten Stock blätterte der Angestellte in seinen Papieren, den Blick jetzt auf den Stand mit den kleinen Transistorgeräten gerichtet.
Wieder ganz unten. Der Bonbonberg war riesig. Wie viele mochten es sein? Zehntausend? Wohl mehr. Eine Handvoll davon, das wäre jetzt gut. Aber ein Kupferpfennig ist kein Vermögen.
Wieder die Rolltreppe. Jochen erkannte manchen wieder, der ihm vorher schon aufgefallen war. Lehrlinge in der Mittagspause, Berufsschüler, die den Nachmittagsunterricht unwichtig fanden, Mädchen, die sich der prüfenden Blicke bewußt waren. Sie taten gleichmütig und hatten längst bemerkt, daß dieselben Jungen schon seit drei oder vier Runden immer ein paar Stufen hinter ihnen waren.
Plötzlich ein grüner Anorak auf der Stufe neben Jochen. »Hübsche Beine, die Kleine da vorn, wie?« Das Grinsen ließ die Sommersprossen zusammenrücken. Jochen wurde rot, denn er hatte tatsächlich gerade diese Beine betrachtet. Der grüne Anorak drängte sich vorbei und stieg den hübschen Beinen zwei Stufen näher.
Rauf, runter, rauf . . .
Die wühlenden Hände konnten den Bonbonberg nicht abtragen, soviel sie auch davon in die Tüten schaufelten. Es blieben immer noch zehntausend. Wahrscheinlich mehr.
Jochen kramte in der Tasche nach seinem Pfennig. Hundert Gramm vierzig Pfennig. Eine kleine Rechenaufgabe: Wenn man für vierzig Pfennig hundert Gramm kaufen kann, wieviel Gramm bekommt man dann für einen Pfennig? Zweieinhalb. Ob ein Bonbon zweieinhalb Gramm wiegt? Oder mehr? Die wägende Hand wurde sich nicht schlüssig. Vielleicht stimmte es ungefähr.

Jochen legte den Pfennig auf die Holzumrandung des Standes, steckte die Hand mit dem Bonbon in die Tasche, ging die ersten Schritte schnell, schlenderte dann weiter.
Über der Füllung war eine dünne Kruste. Das Bonbon zerfiel förmlich auf der Zunge. Gut schmeckt es, ja, aber ein Bonbon, das war arg wenig für einen knurrenden Magen.
An der Plattenbar war kein Platz mehr frei. Der grüne Anorak hockte neben den hübschen Beinen, die der Minirock ausstellte.
Auf vierzig, fünfzig Bildschirmen sprach gleichzeitig ein stummer Minister. Wenn er seine unhörbaren Worte mit einer Handbewegung unterstrich, sah es aus, als veranstalteten vierzig, fünfzig Minister Massenfreiübungen.
Der Mann mit den Papieren beaufsichtigte Mini-Autos.
Im Erdgeschoß stand nirgends ein Mann mit Papieren in der Hand. Jedenfalls war in der Nähe des Bonbonbergs keiner zu entdecken. Hundert Gramm für vierzig Pfennig, da lohnte sich ein Hausdetektiv wahrscheinlich nicht.
Der Kupferpfennig lag noch auf der Umrandung. Vielleicht war es nicht ganz üblich, auf diese Weise zu bezahlen, aber schließlich konnte man nicht wegen eines einzigen Pfennigs und eines einzigen Bonbons die Kassiererin behelligen. Ihre Kasse klingelte ohnehin unaufhörlich. Sie hatte kein Auge frei. Und nirgends stand ein Mann, der über Papiere hinwegsah.
Drei Bonbons von mindestens zehntausend, dagegen ließ sich kaum etwas sagen. Außerdem war es nicht einmal Diebstahl, sondern Mundraub. Der Lehrer hatte den Unterschied ganz deutlich erklärt. So etwas gehörte zur Staatsbürgerkunde. Im letzten Zeugnis eine Zwei. Der Staatsbürger muß neben vielem anderem auch wissen, wann er stiehlt und wann er mundraubt, oder wie man dazu sagt. Diebstahl war es überhaupt erst bei hundert Gramm vielleicht, oder bei einem halben Pfund. Das hing wohl vom Hunger dessen ab, der etwas nahm, und Jochens Hunger war groß. Also Diebstahl war's bestimmt nicht, allerhöchstens Mundraub.
»Krieg ich eins ab?«
Jochen fuhr herum. Der Junge war einen Kopf größer und zwei, drei Jahre älter.
»Was sagst du?«
»Ob ich eins abkriege!«
»Wovon?«
»Von den Bonbons, die du eben geklaut hast. Mensch, nun werd

doch nicht gleich rot. Ich sag doch gar nichts. Du gibst mir eins ab, und die Sache ist in Ordnung.«
Jochen fingerte ein Bonbon aus der Tasche, legte es in die fordernde Hand, drehte sich wieder um und machte lange Schritte. Der andere auch.
»Nun lauf doch nicht gleich weg! Wir können doch noch ein bißchen zusammenbleiben. Geschickt machst du das. Wirklich. Ist bestimmt keinem aufgefallen, außer mir.«
»Ich will gerade gehen.«
»Na fein, ich auch.«
Draußen verdichtete sich der Nebel. Nach der Wärme im Kaufhaus war es noch kühler als vorhin. Jochen ging weiter, sah auf die Schuhspitzen und versuchte, den Jungen neben sich nicht zu beachten.
»Zigarette?«
Eine zerknautschte Packung Reval wippte im Takt der Schritte vor Jochens Gesicht auf und ab. Er schüttelte den Kopf.
»Wohl noch zu klein, wie?«
Jochen faßte zu, zog eine Zigarette aus der Packung, steckte sie zwischen die Lippen und klopfte die Taschen ab, als erwartete er, Streichhölzer oder ein Feuerzeug zu finden.
Die Flamme sprang auf. Der andere hielt das Feuerzeug so, daß Jochen es genau sehen konnte. Es sah wie schweres Silber aus, und das Stadtwappen war darauf.
Wenn man den Rauch nicht zu tief einatmete, brauchte man nicht zu husten.
Es hatte jetzt keinen Sinn mehr, in die nächste Seitenstraße einzubiegen. Die Zigarette schuf eine Gemeinsamkeit.
»Verdammt kalt heute«, meinte der andere. »Trinkst du 'n Bier mit?«
»Kein Geld.«
»Wer redet denn davon. Ich hab ja massig. Komm schon!«
In der kleinen Kneipe war nur ein Tisch besetzt. Ein Mann umspannte ein Kornglas, als wollte er sich die Hände daran wärmen.
Der andere Junge ging voraus, steuerte auf einen Tisch zu, winkte Jochen, setzte sich. »Zwei Bier!«
Der Wirt brachte sie, zückte den Bleistift, als wollte er die Bierdeckel mit Strichen kennzeichnen, steckte ihn dann wieder ein und hielt die Hand auf. »Zahl mal lieber gleich, Axel!«

»Denkst du vielleicht, ich bin schwach bei Kasse?«
»Besser ist besser.«
Axel zog sein Portemonnaie, und als er es öffnete, hielt er es so, daß Jochen hineinsehen konnte. Gar kein Vergleich zu seinem Kupferpfennig. Der Wirt nahm das Fünfmarkstück, schlurfte hinter die Theke, kam mit dem Wechselgeld zurück. »Hast wohl 'ne Bank ausgeraubt, wie?«
»Ne, in Latein eine Zwei geschrieben. Da läßt mein Alter immer was springen.«
Jochen betrachtete das Schild, das ihm gegenüber an der Wand hing. »Jugendschutzgesetz« stand darüber. Irgendwo mußte es hängen. Das war Vorschrift.
»Prost!«
Das Bier war kalt und ein wenig bitter, aber Axel trank einen tiefen Zug, da konnte Jochen nicht nur nippen. Eigentlich schmeckte es auch gar nicht schlecht, und Axel winkte schon zum Wirt hinüber. »Nochmal dasselbe!«
Eigentlich ist Bier doch gar nicht so stark. Beim Klassenausflug vor zwei Monaten, als sie heimlich aus der Jugendherberge ausgerissen waren, hatte Jochen drei Flaschen getrunken wie alle anderen und danach kaum etwas gemerkt. Aber das war nach dem Abendessen gewesen, und die Verpflegung in der Herberge war wirklich gut. Aber diese zwei Glas Pilsner auf nüchternen Magen schienen einen Schleier vor die Augen zu legen, und der Kopf fühlte sich so seltsam leicht an.
»Zigarette?«
Wenn man den Rauch ganz tief einsog, verstärkte er den Schwindel.
»Mensch, du wirst ja ganz blaß! Fehlt dir was?«
»Nein, nein, ich hab bloß noch nichts gegessen!«
»He, Max, bring mal 'ne Currywurst für meinen Freund!«
Eigentlich nett von diesem Axel. Aber er hatte ja auch eine Menge Geld.
»Ich muß jetzt nach Hause. Hast du morgen wieder Zeit? Wie heißt du überhaupt?«
»Jochen.«
»Ich bin Axel. Bis morgen, ja? Um drei an der Rolltreppe? Ist doch langweilig, wenn man allein rumgammelt.«
»Bis morgen, und vielen Dank, Axel!«
»Kannste ja mal wiedergutmachen.«

Der verlorene Schlüssel regte die Mutter auf, als wäre er aus purem Gold gewesen. Außerdem roch sie die Zigaretten und das Bier. Es wurde ein ungemütlicher Abend.
In den letzten zwei Jahren hatte die Mutter sich sehr verändert. Bis dahin war sie ruhig gewesen, manchmal sehr still, so still, daß es Jochen weh getan hatte. Freundlich war sie gewesen. Wenigstens bis zum Abend, wenn der Vater heimkam. Dann wurde alles anders, und in der Wohnung herrschte ein Schweigen, das voller Spannungen war.
Mit der Scheidung der Eltern war alles anders geworden. Sie hatten die Vorbereitungen dazu sorgfältig vor Jochen verborgen. Nichts hatte er geahnt, gar nichts. Und dann, eines Tages, als er aus der Schule heimkam, hatte die Mutter ihm erzählt, sie hätten den Vater nun nicht mehr, aber dadurch würde sich nicht viel ändern, denn auch in den letzten Monaten sei er ja nur noch selten daheim gewesen. Sie seien geschieden, und der Vater wohne jetzt in Stuttgart. Nun müßten sie allein miteinander leben, aber das ginge sicher sehr gut, denn Jochen sei doch schon ein großer Junge. Und es ginge ihnen ganz bestimmt nicht schlechter als bisher, denn sie wolle jetzt wieder arbeiten und Geld verdienen, und da sie beide nicht tränken, bliebe bestimmt mehr Geld übrig als zuvor.
Es war alles zunächst sehr schwer zu verstehen für einen elfjährigen Jungen, aber dann allmählich wurde es klarer. Der Vater kam jetzt nicht mehr heim. Das änderte wirklich nicht viel, und anfangs wurde die Mutter abends nicht mehr so still wie vorher.
Der Vater fehlte nicht. Er war ja auch früher kaum da gewesen, und wenn er nach Hause kam, dann waren Spannungen und Angst und Drohung um ihn. Eigentlich war es gar nicht schlecht, daß die Eltern nun geschieden waren.
Jochen schlief jetzt im Schlafzimmer der Eltern neben der Mutter, und manchmal, wenn sie die Nachttischlampen schon gelöscht hatten, sprachen sie noch leise miteinander, und im Dunkeln konnte man alles viel leichter erzählen, was bei Tageslicht nicht recht herauswollte. Die Scheidung hatte alles viel schöner gemacht.
Wenigstens im ersten Jahr.
Dann änderte sich allmählich wieder alles.
Vielleicht wurde der Mutter die Arbeit einfach zuviel. Sie ging morgens zugleich mit Jochen aus dem Haus, kam erst am Abend

zurück, dann kümmerte sie sich um das Abendessen und um den Haushalt. Es war ihr anzusehen, daß sie meistens viel zu müde war. Nicht einmal Jochen konnte es übersehen. Und er wollte ihr gern helfen und tat es auch. Das brachte zunächst manchmal ein zustimmendes, anerkennendes Lächeln der Mutter ein, doch auch das ließ bald nach. Man konnte ihr nichts mehr recht machen. Das kleinste Versehen führte zu Zornausbrüchen. Das Helfen machte keinen Spaß mehr, und wenn Jochen sich daran vorbeidrücken konnte, ließ er eine solche Gelegenheit nicht aus.
Die Gespräche im Dunkeln wurden selten, dann hörten sie ganz auf, weil die Mutter eines Tages sagte, er solle nun lieber wieder in sein Zimmerchen ziehen. Da fühlte Jochen sich zum erstenmal gekränkt. Anscheinend wollte die Mutter ihn nicht mehr um sich haben.
Aber dann: Manchmal war es auch ganz gut, wenn man in seinem Zimmer allein sein konnte. Schließlich wurde man auch einmal größer, und dann möchte man doch manchmal ungestört und für sich sein können, und dann gibt es auch Dinge, die niemanden etwas angehen, auch die Mutter nicht, und über die man auch in der Dunkelheit nicht mit ihr sprechen möchte.
Zu Gesprächen fehlte es jetzt an Zeit und Gelegenheit.
Dann brachte die Mutter manchmal einen Besucher mit. Er war breitschultrig, ein bißchen füllig und dröhnte sein häufiges Lachen selbstgefällig heraus. Anfangs brachte er Jochen immer eine Kleinigkeit mit, einen Riegel Schokolade, einen Beutel Bonbons, ein Päckchen Kaugummi. »Kleine Geschenke erhalten die Freundschaft«, sagte er dann, und für ihn waren es sicher kleine Geschenke, denn er hatte einen Lebensmittelladen, und er war allein, hatte weder Frau noch Kinder.
Manchmal war er nur kurze Zeit da und verabschiedete sich dann wieder. Hin und wieder blieb er aber auch noch, wenn Jochen zu Bett ging.
Dann gab die Mutter ihre bisherige Arbeit auf und trat in Herrn Möllers Geschäft als Verkäuferin ein, und ihren neuen Chef nannte sie jetzt Albert, und er blieb abends häufiger lange da.
Der Abendbrottisch war jetzt reichlicher gedeckt als sonst, aber Jochen konnte diesen Albert Möller trotzdem nicht leiden. Er war und blieb ein Eindringling, und ihr seltenes Lächeln sparte die Mutter jetzt für ihn auf. Für Jochen blieb nichts übrig. Man fröstelt leicht, wenn man nie von einem Lächeln erwärmt wird.

Aber Axel lächelte. Er hatte Zeit. Man konnte mit ihm reden. Über alles. Er war so sicher, wußte auf alles eine Antwort. Wenn er auch noch nicht ganz sechzehn war, schien er doch fast erwachsen zu sein.
Und er behandelte Jochen nicht wie einen kleinen Jungen, sondern richtig gleichberechtigt, von Mann zu Mann. Meistens hatte er auch Geld, und dann war er nicht kleinlich. Es tat wohl, Axel zum Freund zu haben.
Vier, fünf Tage lang dachte Jochen vormittags in der Schule schon an das Treffen am Nachmittag. Unten an der Rolltreppe.
Und dann sagte Axel eines Tages: »Du, heute bin ich pleite. Kannst du nicht mal die Zigaretten bezahlen?«
Jochen wurde rot. »Ich hab doch kein Geld. Meinst du, ich kriege Taschengeld von meiner Mutter? Die sagt nur immer: Du hast alles, was du brauchst, und Taschengeld bringt dich nur auf dumme Gedanken. Die behandelt mich überhaupt wie ein kleines Kind!«
Axel nickte. »Bei mir ist es umgekehrt. Taschengeld kriege ich jede Menge. Dann bin ich versorgt, und man braucht sich nicht mehr weiter um mich zu kümmern. Aber diesmal ist es doch ein bißchen knapp, weißt du. Schließlich hab ich jetzt immer für dich mitbezahlt. Jetzt wärst du wirklich mal an der Reihe!«
Es war Jochen schrecklich peinlich. Axel hatte ja recht. Er bezahlte immer alles.
»Du kannst das doch ganz schön geschickt, das hab ich bei den Bonbons gesehen. Los, das kriegen wir schon hin.«
Am Zigarettenstand ließ Axel sich von der Verkäuferin Feuerzeuge zeigen, schwankte, stellte Fragen nach dem Mechanismus, war unzufrieden, betrachtete das nächste und das übernächste, fand nicht das richtige und sorgte dafür, daß die Verkäuferin die Reihe von Feuerzeugen im Auge behalten mußte, die sie vor ihn gelegt hatte. Als Axel sich endlich mit einem entschuldigenden Lächeln achselzuckend abwandte, hatte Jochen zwei Schachteln Zigaretten in der Tasche.
»Mensch, Jochen, du bist ein As!«
Jochen pustete. »Aber was ich für eine Angst ausgestanden habe! Wenn mich jemand erwischt hätte . . .«
Axel wischte die Bedenken mit einer Handbewegung fort. »Wenn schon! Erstens bist du noch nicht vierzehn, also kann dir keiner etwas wollen. Und zweitens ist mein Alter Rechtsanwalt. Der

dreht die Sache schon wieder hin, wenn mal was schiefgeht. Er kann es sich doch gar nicht leisten, daß sein Sohn in Schwierigkeiten kommt.«

Gewissensbisse vergingen in Rauchwolken. Und Axel war offensichtlich zufrieden, daß er wieder rauchen konnte. Er brauchte eine ganze Menge Zigaretten am Tag. Was wog ein bißchen Angst dagegen, daß der große Axel mit Jochen zufrieden war?

Aber in der Nacht träumte Jochen. Er fuhr die Rolltreppe abwärts, und plötzlich sah er unten, am Fuße der Treppe, einen Angestellten mit einem Bündel Papiere in der Hand. Er sah über den Rand seiner Papiere hinweg Jochen abwartend entgegen. Jochen drehte sich um und wollte die Rolltreppe hinauflaufen, doch die Stufen kamen ihm entgegen, und Menschen versperrten ihm den Weg; er kam nicht vom Fleck, seine Füße trafen immer wieder nur dieselben Stufen, und unten wartete der Mann mit den Papieren; Jochen hatte ihm den Rücken zugewandt und sah im Traum doch sein selbstzufriedenes Lächeln, das sagte: Du kommst nicht weg, mein Junge, dich kriegen wir schon; und dann lachte er dröhnend und selbstgefällig wie Albert Möller.

Und alle Leute sahen Jochen an und hoben die Augenbrauen. Eine ganze Gruppe hatte sich am Fuße der Treppe versammelt. Alle sahen zu, wie er versuchte, die Treppe hinaufzulaufen, die ihm entgegen kam und ihn immer wieder um den Schritt mit in die Tiefe nahm, den er gerade zurückgelegt hatte.

Und Axel stand auch in der Gruppe der Neugierigen. Er hielt eine Zigarette zwischen den großen, gesunden Zähnen, ließ sein silbernes Feuerzeug aufflammen und sagte: »Was ist denn das für einer?«

3

»Was ist denn das für einer?«

Jochen blinzelte. Das Gesicht, das er über sich sah, gehörte gar nicht Axel. Es war älter, wenn auch noch jung, und der rotblonde Bart, der sich am Unterkiefer entlangzog, und die randlosen Brillengläser waren Jochen fremd.

Jetzt tauchte Dackels blondes Haar neben dem Rotblond auf.

»Das ist unser Neuer. Jürgen-Joachim Jäger heißt er, Herr Hamel sagt Boxer zu ihm, bei uns heißt er Jojo.«
»Das ist kein Name mehr, das ist ein ganzes Adreßbuch«, sagte der Rotbärtige. »Aufstehen, Jojo! Höchste Zeit! Hast du denn das Wecken nicht gehört?«
Jochen war noch benommen. Er schüttelte den Kopf.
»Ich bin Fred Winkelmann, euer Praktikant. Den Namen kannst du auch gleich wieder vergessen, ihr sagt ja doch alle bloß Kaiser Rotbart zu mir. Aber jetzt mußt du dich wirklich beeilen, sonst futtern dir die anderen das Frühstück weg. Sven, kümmerst du dich um ihn?«
Dackel nickte. Er hieß also Sven. Eigentlich komisch. Nein, gar nicht komisch, sondern selbstverständlich. Die anderen Hunde mußten ja auch irgendeinen richtigen Namen haben. Dackel war also Sven.
»Los, runter zum Waschen! Vergiß die Zahnbürste nicht. Zähneputzen ist Rotbarts Tick. Aber sonst ist der in Ordnung. Wenn wir den immer hätten ... Gar kein Vergleich mit Hammel. Aber die Praktikanten bleiben immer nur ein paar Wochen, dann studieren sie weiter. Zu sagen haben sie auch nichts. Nicht einmal eine Beurteilung dürfen sie schreiben. Nun los, spring endlich aus der Falle!« Sven zerrte Jochens Bettdecke beiseite.
Im Waschraum herrschte lautes Durcheinander. Kaiser Rotbart lehnte in der Ecke und sah zu, wie die Jungen sich prustend und schnaubend kaltes Wasser über die Leiber rieseln ließen, von Wasserhahn zu Wasserhahn kleine Schlachten austrugen, lachten, sich stießen, sich gegenseitig die Köpfe in die Waschbecken drückten. Es war ganz anders als gestern abend beim Duschen.
»Zähneputzen nicht vergessen!« dröhnte Rotbart.
Sven fing an, die anderen fielen ein. Im Chor gurgelten sie »Hänschen klein!« Jochen gurgelte mit, mußte lachen, verschluckte sich, spuckte pfefferminzduftendes Wasser in das Waschbecken, gurgelte weiter »Stock und Hut ...« Kaiser Rotbart pfiff mit.
Auch beim Frühstück ging es lebhafter zu als gestern beim Abendessen. Gespräche schwirrten von Tisch zu Tisch. Es wurde viel gelacht. Alles erinnerte Jochen an den letzten Klassenausflug. So ungefähr war es auch in der Jugendherberge gewesen, und Lehrer Kremer war zwar viel älter als Rotbart, aber in der Jugendherberge war er zehn Jahre jünger gewesen als sonst in der Schule.

Aber es war nicht gut, jetzt an Lehrer Kremer zu denken. Lieber nicht.
Nach dem Frühstück holten die anderen ihre Büchertaschen und gingen zur Schule. Jochen blieb allein zurück. Es war Samstag, und Herr Katz hatte gemeint, es lohne nicht, sich noch am letzten Wochentag in der Schule vorzustellen, dazu sei am Montag noch Zeit genug, und dann finge gleich eine richtige Arbeitswoche an.
Wahrscheinlich hatte Herr Katz es gut gemeint, aber der Gedanke war gar nicht so gut. Wenn alle anderen rundum waren, hatte man weniger Zeit zum Grübeln. Jetzt war alles so leer. Die Betten im Schlafraum wirkten vor lauter Ordnung wie tot. Man konnte sich nicht vorstellen, daß vor zwei Stunden noch Jungen darin geschlafen hatten. Allein hätte Jochen das Kopfkissen nie so eckig hingekriegt. Dackel hatte geholfen. Eigentlich hatte Herr Hamel ja Pudel zum Babysitter bestimmt, aber der schien ganz froh zu sein, daß Dackel ihm die Arbeit abnahm.
Jochen stellte sich vor das Aquarium. Hübsche Fische. Sie schnappten nach Wasserflöhen, die ihnen Cocker nach dem Frühstück hingestreut hatte. Dann schwammen sie im Kreis, stießen an die Glaswände, flimmerten im elektrischen Licht. Wirklich schöne Tiere. Aber gefangen. Ob sie es wußten? Wahrscheinlich kannten sie es nicht anders. Es ließ sich schlecht sagen, ob sie sich in ihrem Aquarium wohlfühlten.
Ob die anderen Jungen sich hier wohl fühlten?
Man müßte sie einmal fragen.
Kaiser Rotbart kam, als Jochen gerade die Hundebilder an den Schränken betrachtete.
»Herr Hamel hat heute seinen freien Tag«, sagte er, »aber er hat mir einen Zettel hingelegt. Ich soll dich daran erinnern, daß du einen Aufsatz schreiben sollst. Überschrift: Warum ich hier bin.«
»Das habe ich ihm doch gestern schon gesagt, wozu soll ich es erst noch aufschreiben?«
Rotbart nickte, als müßte er über diese Frage sorgsam nachdenken. »Hm, die Frage ist gar nicht so unberechtigt. Aber hör mal zu . . . wie heißt du doch gleich? Mit meinem Namengedächtnis ist es wirklich nicht weit her, weißt du.«
»Weiß ich nicht.«
»Was weißt du nicht?«
»Wie ich für Sie heiße. Eigentlich heiße ich Jürgen-Joachim Jäger, zu Hause Jochen, hier Jojo, bei Herrn Hamel Boxer.«

»Boxer kannst du bei mir streichen, Jochen. Ja, also, ich meine, du solltest den Aufsatz doch lieber schreiben. Erstens ist es manchmal ganz gut, wenn man nachdenkt, zweitens ist es nicht gut, wenn du dich gleich am Anfang mit deinem Erzieher anlegst, und drittens hast du ohnehin nichts Besseres zu tun, nehme ich an.«
»Ich schreibe den Aufsatz nicht.«
»Hm.« Denkpause. »Ich weiß wirklich nicht, wie ich dich dazu zwingen sollte. Aber ich kriege heute abend Ärger mit Herrn Hamel, weil er denkt, ich habe dich nicht daran erinnert. Du kannst es dir ja noch einmal überlegen. Wenn du ihn doch schreiben willst, kommst du ins Erzieherzimmer, und ich gebe dir Papier und Kugelschreiber, ja?«
Jochen sah dem Praktikanten nach. Er fühlte sich unsicher. Wenn der andere so schnell nachgab, war es schwer, trotzig zu sein. Und eigentlich: warum sollte Rotbart Ärger mit Hamel kriegen? Also gut: Aufsatz.
Mit zwei Bogen Papier und einem Kugelschreiber saß Jochen am Tisch. Die Überschrift stand bereits in seiner feinsten Schönschrift. Dann nichts mehr. Was sollte er denn schreiben?
Zwei volle Stunden für ein paar Zeilen, und die waren dann offenbar nicht einmal so ausgefallen, wie es erwartet wurde, denn Rotbart schüttelte den Kopf, als er sie gelesen hatte, las sie noch einmal leise für sich und schließlich noch einmal laut:
»Weil meine Mutter es gewollt hat. Sie sagt, sie würde nicht mehr mit mir fertig, und ich sei ein Taugenichts, und die Nachbarn sollten nicht sagen, sie sei schuld, und hier würde man wenigstens noch einen anständigen Menschen aus mir machen können. Meine Mutter wollte mich nicht mehr haben. Sie hat lieber Herrn Möller bei sich, ihren Chef, und mich wollte sie loswerden.«
»Ist das nicht ein bißchen wenig, Jochen?«
»Das ist alles.«
»Hm.« Jedes »Hm« von Kaiser Rotbart war die Einleitung zu einer mehrsekündigen Denkpause. Dann sprach er stockend, als wäre es ihm nicht angenehm, weiter: »Weißt du, ich habe mir inzwischen deine Akte angesehen, und da steht eigentlich doch noch ein bißchen mehr drin. Meinst du nicht auch, daß ein kleines bißchen von der Schuld auch bei dir selbst liegt?«
Jochen spielte mit dem Kugelschreiber. »Axel war fast immer dabei, wenn ich etwas angestellt habe, und der ist auch nicht hier.«

»Wer ist Axel? Von dem habe ich in deiner Akte nichts gelesen.«
»Hätte ich ihn vielleicht verpfeifen sollen?«
»Hm.« Nachdenkliches Kopfwiegen. »Aber ganz abgesehen davon, ob nun dieser Axel immer dabei war oder nicht – du hast doch nun einmal etwas angestellt, und das hier sind jetzt die Folgen, nicht wahr? Wenn Axel davongekommen ist, du aber nicht, dann bist du eigentlich nicht benachteiligt, sondern Axel hat nur einen Vorteil, nicht wahr? Ob es wirklich ein Vorteil ist, darüber wollen wir beide gar nicht streiten, ich habe da so meine eigenen Ansichten. Aber daß einzig und allein deine Mutter schuld daran sein soll, daß du jetzt hier bist, das sehe ich nicht ein. Findest du nicht, man sollte auch zu dem stehen, was man getan hat?«
Und Jochen nahm Rotbart den Bogen aus der Hand und schrieb noch eine Zeile unter seinen Text: »Und gestohlen habe ich auch.« Es war sehr schnell geschrieben, kaum zu lesen; unverständlich, wie ein mit gesenktem Kopf gemurmelter Satz.
Aber Rotbart schien ihn doch zu verstehen. Er las den Satz, sagte nichts dazu und legte das Blatt dann zögernd auf den Schreibtisch des Erziehers.
»Wie war das eben mit Axel?« fragte er dann. »Willst du mir nicht etwas von ihm erzählen?«
Jochen schüttelte den Kopf.

Warum sollte er jetzt etwas von Axel erzählen, wenn er doch sogar bei der Polizei den Mund gehalten hatte? Was mit Axel war, das ging keinen Menschen etwas an.
Damals, nachdem er die Zigaretten gestohlen hatte, war Jochen zuerst ein wenig unsicher geworden, aber das hatte nur bis zum nächsten Tag vorgehalten.
Als Axel dann wieder an der Rolltreppe wartete, hatte er genug Geld in der Tasche, und von gestern war nicht mehr die Rede. Auch in den nächsten Tagen nicht mehr. Eine ganze Woche nicht, und auch nicht an dem Tag, an dem sie Elvira kennenlernten.
Auf der Rolltreppe war sie ihnen zuerst aufgefallen. Axel hatte Jochen angestoßen und aufwärts auf eine rosafarbene enge Hose unter einem himmelblauen Pulli gedeutet. »Hübsche Figur, die Kleine da oben, wie?« Jochen hatte genickt, und im ersten Stock hatten sie das Mädchen überholt, damit sie es auch einmal von vorne sehen konnten.

Ob sie richtig hübsch war, wußte Jochen nicht genau. Ein bißchen zu bunt fand er sie. Der blaßrosa Lippenstift und die dunklen Lidschatten fielen an ihrem schmalen Gesicht unter dem glatten blonden Haar am meisten auf. Ganz gut sah sie wohl aus. Jedenfalls fand Axel das, und er ließ es deutlich genug erkennen; und wenn Axel das Mädchen gefiel, mußte schon etwas daran sein.
Das Mädchen mochte ein Jahr jünger als Axel, ein Jahr älter als Jochen sein. Es merkte bald, daß ihm die beiden Jungen nicht mehr von den Fersen wichen. Ein paarmal drehte es sich um und lächelte an ihnen vorbei. Dann lächelte auch Axel, und manchmal kniff er dabei ein Auge zu.
Endlich steuerte das Mädchen auf die Plattenbar zu und setzte sich auf den mittleren von drei freien Hockern.
Axel wies Jochen mit einer Daumenbewegung einen Hocker an, und sie nahmen das Mädchen in die Mitte.
Elvira hieß sie, und sie war vierzehn Jahre alt. Jetzt fand Jochen sie übrigens auch recht hübsch, und sie hatte eine angenehme Stimme. Eine halbe Stunde später saßen sie zu dritt bei Max, rauchten und tranken Cola. Elvira wollte kein Bier. Sie hatte nichts dagegen, daß Axel ihr den Arm um die Schultern legte. Darüber wunderte sich Jochen ein wenig; auch über Axels Mut. Er selbst hätte das nicht gewagt.
Ihm fiel auf, daß Elvira, die ihm gegenüber saß, immer wieder ihn ansah. Dabei zuckte es manchmal um ihre Mundwinkel, als fände sie alles sehr lustig, oder als wollte sie so etwas wie ein geheimes Einverständnis mit Jochen herstellen. Und Jochen lächelte zurück, denn im Grunde fand er es auch ein bißchen komisch, daß Axel so anders war als sonst.
Als er später einmal auf die Toilette mußte, kam Axel ihm nach.
»Du, Jochen, tust du mir einen Gefallen?«
»Was für einen?«
»Verabschiede dich! Du kannst ja sagen, du hättest noch etwas zu tun.« Er lächelte. »Ich möchte gern noch ein bißchen mit ihr allein sein. Solchen Käfer findet man nicht alle Tage, und solange du dabei bist, wird die gute Elvira nicht so richtig zutraulich.«
»Wenn du meinst . . .« Es klang kurz und gekränkt.
»Nun schnapp doch nicht gleich ein, Jochen! Morgen treffen wir uns ja wieder. Ich will mal hören, ob Elvira nicht noch eine Freundin mitbringen kann, dann haben wir für jeden von uns ein Mädchen. Alles klar?«

»Nicht nötig. Ich wollte sowieso gehen.« Jochen gab sich keine Mühe, sein Beleidigtsein zu verbergen, doch Axel schien es nicht zu bemerken.
Elvira zog ein enttäuschtes Gesicht, als Jochen sich verabschiedete, und als er sich an der Tür noch einmal umwandte, merkte er, daß sie ihm nachsah. Das verbesserte seine Laune nicht.
Abends, als er sich wusch, betrachtete Jochen sich sehr aufmerksam im Spiegel, und was er dabei sah, gefiel ihm recht gut. Bestimmt sah er nicht schlechter aus als Axel; wahrscheinlich sogar besser. Der schwarze Wuschelkopf machte sich wirklich gut über der ein wenig bräunlichen Haut. Und beim Lächeln zeigten sich zwei Grübchen, Jochen schaltete diese Grübchen mehrmals mit einem zahnblitzenden Lächeln ein und aus. Dann drehte er den Kopf und versuchte schielend, auch sein Profil im Spiegel zu sehen, doch es gelang nicht. Aber er hatte auch so genug gesehen. Und morgen wollte er sich von Axel nicht einfach wieder fortschicken lassen, falls Elvira überhaupt kam.
Sie kam, und sie lächelte erfreuter als Axel.
Es war schmeichelhaft, daß sie ihn ganz offensichtlich bevorzugte, obwohl sie doch ein Jahr älter war als er. Und erstaunlich war, daß Axel gar nichts dabei zu finden schien. Er zwinkerte Jochen nur ein paarmal zu, und es wirkte nicht neidisch.
Sie bummelten ein Weilchen durch das Warenhaus. Einmal blieb Elvira vor einem Stand mit Modeschmuck stehen, kramte darin herum, hielt sich eine bunte Kette an den himmelblauen Pulli und meinte: »Die würde gut aussehen.«
Als sie dann weiterging, blieb Jochen ein Stückchen zurück, und später, als sie wieder bei Max saßen und eine Cola tranken, schob er ihr die Kette über den Tisch. »Da! Für dich!«
Sie riß erstaunt die Augen auf. »Wo hast du die denn her?«
»Die haben da so viel davon, daß sie das Zeug sogar verkaufen!«
»Und wie kommst du dazu?«
»Wenn sie dir doch gefällt!«
Axels Blick war wissend. Jochen sah zur Seite und wurde rot, aber das konnte auch daran liegen, daß es für ihn noch ungewöhnlich war, einem Mädchen etwas zu schenken.
Strahlend legte Elvira die Kette um, und sie stand ihr wirklich gut. Und dann legte sie die Hand auf den Tisch, gleich neben Jochens Hand, und während sie miteinander sprachen, schob sie den kleinen Finger ein wenig seitwärts, bis er seine Hand be-

rührte, und dann ließ sie ihn ein paarmal auf und ab wippen, daß es wie ein Streicheln war und wie ein winziges Gegengeschenk.
Axel schien in den nächsten Tagen ohne jeden Neid anzuerkennen, daß Elvira Jochen lieber mochte als ihn. Er nahm es lächelnd hin, spielte sich ein bißchen als Beschützer der beiden auf und wußte, daß er nicht ganz unbeliebt werden konnte, solange er bezahlte, was sie zu dritt verzehrten.
Das alles bedeutete für Jochen eine mehrfache Veränderung. Seine Nachmittage waren jetzt immer ausgefüllt. Erst wenn es fast Zeit wurde, daß die Mutter heimkommen mußte, ging auch Jochen nach Hause. Dann war der Abend nicht mehr lang. Die Schularbeiten, die sonst einen Teil des Nachmittags in Anspruch genommen hatten, waren noch nicht erledigt. Manchmal wurden sie dadurch jetzt reichlich kurz. Herr Kremer merkte es und spielte auch mehrmals darauf an; aber Jochen war ein leidlich guter Schüler, und so wurde nicht viel Aufhebens davon gemacht, daß er in letzter Zeit nicht mehr ganz so gewissenhaft arbeitete wie sonst.
Viel wichtiger war, daß Jochen sich nicht mehr allein fühlte. Wenn er schon keine Klassenkameraden hatte, mit denen er außerhalb der Schule umging, so hatte er jetzt doch Axel, den immer freundlichen, und Elvira – eine richtige Freundin. Damit konnten die meisten anderen Jungen in seiner Klasse noch nicht aufwarten.
Jochen war zufrieden.
Elvira war es auch. Nur einmal, als sie gemeinsam durch die Straßen bummelten und ihnen ein anderes Paar entgegenkam, deutete sie an, daß doch noch etwas fehlte. Der Junge, der ihnen mit seinem Mädchen entgegenkam, hielt ein kleines Transistorgerät im Arm. »Das könnten wir auch noch brauchen«, sagte Elvira. »Mit ein bißchen Musik wäre alles noch viel schöner.« Und Jochen war es, als hätte sie ihn dabei erwartungsvoll und auffordernd angesehen.
Gleich am nächsten Tage wollte er diesem Mangel abhelfen. Früher als gewöhnlich ging er in das Warenhaus, trieb sich ein paar Minuten dort herum, wo Fernseher, Radios und Schallplatten verkauft wurden, und hatte schon bald ein Gerät entdeckt, das ihm gefiel.
Jetzt galt es nur noch, den richtigen Zeitpunkt abzupassen. Es war nicht genug Betrieb in dieser Abteilung. Die Verkäufer hat-

ten nichts zu tun und konnten jeden Schaulustigen im Auge behalten. Jochen setzte sich an die Plattenbar, tat so, als hörte er sich aufmerksam eine Reihe neuer Schallplatten an, und beobachtete die Verkäufer.
Einer ging zu seinem Kollegen, sagte ihm etwas und fuhr dann die Rolltreppe hinunter. Gleich darauf kam eine ältere Dame und ließ sich ein Fernsehgerät vorführen. Dabei stellte sie sich recht begriffstutzig an. Mit ihr hatte der Verkäufer sicher eine Weile zu tun. Die Gelegenheit war günstig.
Jochen schob sich von seinem Sitz und wollte gerade zu dem Tisch mit den Koffergeräten hinüberschlendern, als sich ihm eine Hand von hinten auf die Schulter legte.
Erschrocken fuhr er herum.
Axel grinste. »Was ist denn los? Seit wann bist du so schreckhaft?«
Jochen atmete erleichtert auf. Dann kniff er ein Auge zu. »Du, Axel, paß mal ein bißchen auf, ja? Ich will uns etwas besorgen. Stell dich in meine Nähe. Am besten so, daß der Verkäufer da drüben mich nicht richtig sehen kann, wenn er sich umdreht. Ich will uns bloß ein bißchen Musik für unterwegs beschaffen.«
»Junge, Junge, du machst vielleicht Sachen«, antwortete Axel kopfschüttelnd, doch dann trat er an eine der Schallplattentruhen und wühlte darin herum. Jochen vergewisserte sich mit einem schnellen Blick, daß Axel tatsächlich genau zwischen ihm und dem Verkäufer stand.
Noch ein schneller Blick rundum; ein Griff. Das Gerät war nicht groß. Wenn man es unter den Anorak schob, fiel es gar nicht auf. Und nun schnell zur Treppe! Zum Herzklopfen gab es höchstens noch bis zum Erdgeschoß einen Grund.
»Einen Augenblick mal, Freundchen!«
Diesmal war es nicht Axel. Jochen wollte sich losreißen, doch der Mann, der gar nicht so aussah, als gehörte er zu den Angestellten des Warenhauses, hielt den Kragen des Anoraks gut fest.
»Mach keine Geschichten, Junge, komm lieber gleich mit, dann fällt es nicht so sehr auf.«
Ratlos sah Jochen sich um. Bei Axel stand ein anderer Mann und bedeutete ihm ebenso entschieden, er solle mitkommen. Sein Widerspruch schien daran nichts ändern zu können.
Auf den wenigen Metern bis zu einer Seitentür dachte Jochen fieberhaft nach. Was sollte er jetzt sagen? Was sollte er erklären?

Wie konnte er sich herausreden?
Im letzten Augenblick, als der Mann, der ihn noch immer am Kragen hielt, schon mit der einen Hand die Tür öffnete und Jochen mit der anderen hindurchschob, tauchte Elvira auf. Sie sah und begriff, was hier vor sich ging. Jochen sah, daß sie erschrak, sich schnell umwandte und hastig davonging.
Dann lag das Transistorgerät auf einem Schreibtisch. Davor saßen Axel und Jochen, ihnen gegenüber hatte einer der Männer Platz genommen, der andere stand neben der Tür.
»Ich weiß gar nicht, was Sie von mir wollen«, klagte Axel, doch es klang recht unsicher. »Was habe ich denn damit zu tun?«
»Du hast Schmiere gestanden, mein Junge. Wir haben doch beide genau gesehen, daß ihr euch vorher miteinander unterhalten habt.«
Jochen schüttelte den Kopf. »Den kenne ich doch gar nicht!«
Der Mann am Schreibtisch lächelte fast belustigt. Solche Fälle gehörten zu seinem täglichen Brot. Sie regten ihn nicht auf. Er wurde dafür bezahlt, daß er möglichst viele Warenhausdiebstähle vermied, aber sein Gehalt erhöhte sich um keinen Pfennig, wenn er sich dabei sonderlich erregte.
»Diese Märchen kennen wir doch alle, mein Junge. Meinst du vielleicht, ihr zwei seid die ersten Kunden, die wir uns hier vorknöpfen müssen?«
»Wir haben miteinander gesprochen«, fiel Axel ein. »Da haben Sie ganz recht. Er hat mich nach der Uhrzeit gefragt, aber das war auch alles.«
»Stimmt«, bestätigte Jochen. »Ich kenne ihn wirklich nicht. Ich gebe ja zu, ich habe das Ding da mitgenommen, aber der andere hier hat wirklich nichts damit zu tun. Ich würde es Ihnen doch sagen!«
Der Mann neben der Tür fragte Axel: »Wie heißt du denn?«
»Axel Gernau. Mein Vater ist Rechtsanwalt Dr. Gernau.«
»Hm.« Die beiden Männer tauschten fragende Blicke.
»Und du behauptest, daß du diesen Jungen nicht kennst und auch nichts mit dem Diebstahl zu tun hast?«
»Ja, das behaupte ich.«
»Und du kannst das bestätigen?«
Jochen nickte.
Noch ein Zögern, dann: »Also gut, du kannst gehen. Vielleicht sagt ihr ja wirklich die Wahrheit, und gestohlen hat auf jeden

Fall der andere. Aber eines ist sicher: Wenn du hier wieder auftauchst, werden wir dich im Auge behalten.«
Axel lächelte, und jetzt hatte er seine übliche Sicherheit wiedergefunden. »Irren kann sich ja schließlich jeder mal«, sagte er. »Und mit dem da seien Sie bloß nicht gleich zu streng. Der wollte eben gern so ein Ding haben, und vielleicht haben seine Eltern nicht genug Geld und können ihm keines kaufen.« Er nickte Jochen zu. »Ich drücke dir die Daumen, Kleiner!«
Dann war er zur Tür hinaus, und Jochen fühlte sich erleichtert und ein wenig froh, wie nach einem kaum noch erhofften Erfolg.
»Wie heißt du denn?«
»Jürgen Meier.«
»Meier? Weißt du, mein Junge, vielleicht heißt du wirklich Meier. Der Name ist ja nicht gerade selten. Uns ist nur eines aufgefallen: Die meisten Jungen, die wir festnehmen, heißen anfangs Meier oder Müller oder Schulze. Aber nach ein paar Minuten heißen sie plötzlich ganz anders. Da ist ihnen nämlich ihr richtiger Name wieder eingefallen. Knöpf doch mal deinen Anorak auf.«
Jochen tat es, und mit dem ersten Griff zog der Mann ein Oktavheft aus der Innentasche. Es war Jochens Aufgabenheft.
»Hier steht aber Jürgen-Joachim Jäger.«
»Das ist mein Freund.«
»Nanu? Dann weiß der arme Kerl ja gar nicht, was ihr für morgen aufhabt. Paß auf, Freundchen. Ich vergesse, was du bis jetzt gesagt hast, und du denkst noch einmal ganz scharf nach und sagst mir dann lieber noch einmal klar und deutlich deinen Namen, ja?«
»Jochen Jäger.«
»Siehst du, jetzt glaube ich dir sogar. Und was ist dein Vater?«
»Kaufmännischer Angestellter. Aber meine Eltern sind geschieden. Mein Vater ist in Stuttgart. Ich wohne bei meiner Mutter.«
»Soso.« Es klang, als wäre diese Tatsache sehr belastend. »Und wie alt bist du?«
»Dreizehn.«
»Ziemlich groß für dein Alter. Bist du nicht vielleicht doch schon vierzehn?«
»Nein, dreizehneinhalb.«
»Wie können wir deine Mutter erreichen?«
Jochen wußte, daß es keine Ausflüchte mehr gab. Er sagte An-

schrift und Telefonnummer von Albert Möllers Geschäft. Der Mann am Schreibtisch notierte, der andere fragte:
»Junge, was hast du dir denn nur dabei gedacht? Du bist doch wirklich alt genug und weißt genau, daß man nicht stehlen darf. Wenn das nun jeder täte? Du kannst von Glück sagen, wenn du wirklich noch nicht vierzehn bist. Dann geht es wenigstens ohne Gericht ab. Aber das werden wir erst noch feststellen. Deine Mutter wird es uns ja wohl genau sagen können.«
Er griff zum Telefon, und Jochen sah ihn entsetzt an. »Rufen Sie doch bitte nicht meine Mutter an! Bitte! Ich tue so was auch bestimmt nicht wieder! Ehrenwort!«
Der Mann nahm die Hand noch einmal vom Hörer. »Jetzt hast du die Hosen voll, wie? Aber das hättest du dir eben früher überlegen müssen. Wir haben unsere Vorschriften, und daran müssen wir uns halten. Zunächst rufen wir jetzt deine Mutter an, und falls du doch schon vierzehn sein solltest, verständigen wir auch noch die Polizei. Sonst sparen wir uns die Arbeit, und dann soll deine Mutter allein sehen, was sie mit dir anstellt.« Er durchblätterte flüchtig eine Kartei. »Wenigstens bei uns bist du ja bisher noch nicht aufgefallen.«
»Aber Sie haben doch den Transistor wieder. Sie haben gar keinen Schaden.«
Der Mann nickte bestätigend. »Du hast recht, mein Junge. Wir haben keinen Schaden. Geschädigt bist bei der ganzen Geschichte nur du selbst. Aber laufenlassen können wir dich auch nicht. Da brauchst du gar nicht so böse zu gucken. Ich habe gar nichts gegen dich. Du hast einen Fehler gemacht, na gut, das haben ganz andere und klügere Leute als du auch schon getan. Aber wenn wir jetzt sagen, na schön, lassen wir ihn laufen, dann lachst du dir draußen ins Fäustchen und sagst dir: War ja alles halb so schlimm. Und warum sollst du es dann nicht noch einmal probieren? Man wird ja auch nicht jedesmal geschnappt, nicht wahr? Weißt du, so ein kleines Radioding da könnte unsere Firma ja auch noch verschmerzen. Aber für dich wäre es nicht gut, wenn wir deiner Mutter nicht Bescheid sagten, damit sie ihren Sprößling zurechtrückt. Es geht hier nicht um ein paar Mark mehr oder weniger, die unsere Firma durch Kaufhausdiebstähle verliert, sondern es geht darum, was einmal aus dir werden soll, mein Junge. So sehen wir das jedenfalls, und du siehst es vielleicht später auch noch ein.«

Jochen antwortete nicht. Der Mann griff wieder zum Telefon, wählte, wartete. »Ja, könnte ich bitte einmal Frau Jäger sprechen? Ich warte . . .«
Jochen wischte sich mit dem Handrücken über die Augen. Er hörte nicht mehr zu, was der Mann am Telefon sagte.
»In zehn Minuten ist deine Mutter hier und holt dich ab.«
Für die beiden Männer schien der Fall bereits erledigt zu sein. Sie wirkten gar nicht unfreundlich. Sie taten ihren Dienst, der ihnen vielleicht nicht besonders angenehm war. Sie empörten sich nicht, hielten keine anklagenden Reden. Der Diebstahl war verhindert, und nur darauf kam es an. Der Mann am Schreibtisch konnte guten Gewissens in das Brot beißen, das er umständlich aus Pergamentpapier wickelte.
Auch als die Mutter kam, verloren die Männer nicht viele Worte. Nach zwei drei Minuten war alles vorbei. Zuerst sah Jochen der Mutter in das Gesicht und las den Unglauben darin. Dann sah er zu Boden, und als sie aufstand, tat er es ihr nach und folgte ihr zur Tür.
Einer der Männer öffnete höflich. Dann legte er Jochen die Hand auf die Schulter und sagte: »Und wir sehen uns hier auf keinen Fall wieder, nicht wahr, mein Junge? Eigentlich paßt doch so etwas gar nicht zu dir. Du siehst wirklich nicht danach aus.« Es klang sehr freundlich . . .
Die Mutter sagte kein Wort. Auch später nicht, nicht auf der Rolltreppe, nicht auf dem Weg zum Ausgang. Kein einziges Wort.
Draußen auf der Straße, ein paar Schritte vom Ausgang entfernt, stand Axel. Er nickte Jochen leicht zu, als der mit seiner Mutter vorüberging. Ein anderer konnte es wahrscheinlich gar nicht bemerken. Doch Jochen sah und spürte das Nicken und wußte, daß Axel sich damit bei ihm bedanken wollte.
»Ich muß ins Geschäft zurück, und du wartest zu Hause auf mich«, sagte die Mutter. Sonst kein Wort. Sie verurteilte schweigend, aber eindeutig. Ihr Blick war ohne Vorwurf. Er war nur beherrscht und sehr kühl; weder traurig noch besorgt, nur sachlich. Sie sah sich nicht noch einmal um, als sie über die Straße ging.
Dann saß Jochen zu Hause. Er baute seine Bücher und Hefte als Schutzwall vor seine Gedanken, doch die Gedanken sprangen über den Buchrand hinweg.

In letzter Zeit hatte es manchmal Ärger zwischen Jochen und seiner Mutter gegeben, vor allem, seit Albert Möller öfter ins Haus kam. Dabei ging es nie um sehr Großes. Meistens handelte es sich um Nichtigkeiten. Aber die Mutter wurde leicht heftig. Freilich hielt ihr Zorn niemals lange vor. Er war meist wie ein plötzlicher, schnell wieder verebbender Ausbruch. Nur vor ein paar Wochen, als Jochen den Schlüssel verloren hatte, war es schlimmer gewesen als sonst. Jochen machte sich nicht viel daraus. Er hörte nicht hin. Es lohnte auch nicht. Mutters Zornausbrüche waren ungefährlich. Besonders hatte sie auch deswegen geschimpft, weil er nicht ins Geschäft gekommen war und sich einen anderen Schlüssel geholt hatte. Dieser Satz fiel Jochen auf und ließ ihn stutzen. Damit hatte die Mutter doch eigentlich recht. Aber der Gedanke war ihm gar nicht gekommen, und die Mutter sah es ja auch nicht gern, wenn er ins Geschäft kam, während sie Dienst hatte.
Aber heute war der Zornausbruch ausgeblieben, obwohl Jochen ihn gerade diesmal nur zu gut verstanden hätte. Diesmal gab es doch einen Grund zum Zorn, vielleicht sogar einen Grund zur Traurigkeit. Und heute hätte Jochen sich etwas daraus gemacht. Er hätte hingehört, und er hätte jeden Vorwurf ohne Widerspruch hingenommen.
Die Mutter konnte ja gar nichts sagen, was er nicht verdient hätte. Jawohl, er hatte gestohlen. Es war Diebstahl, das ließ sich nicht bestreiten. Es handelte sich nicht nur um ein paar Bonbons, weil der Magen gerade knurrte. Mit der Kette für Elvira, nein, mit den Zigaretten für Axel hatte es angefangen. Und jetzt . . .
Mit allen Vorwürfen hätte die Mutter recht gehabt, doch sie hatte kein Wort gesagt.
Damit konnte nicht alles ausgestanden und vergessen sein. Wenn es darauf ankam, konnte die Mutter sich sehr beherrschen. Von allem Streit mit dem Vater vor der Ehescheidung hatte Jochen kaum jemals etwas bemerkt. Sie hatte weder im Kaufhaus noch auf der Straße Aufsehen erregen wollen. Aber sie hatte sich nur so kurz wie möglich mit ihrem Jungen zeigen wollen, mit ihrem Jungen, der ein Dieb geworden war.
Aber was würde heute abend sein?
Und plötzlich entdeckte Jochen in sich ein neues Gefühl, das sich sonst nie mit dem Gedanken an die Mutter verbunden hatte: Angst.

Es war unerträglich, daß er noch drei Stunden auf diesen Abend warten sollte. Er durfte nicht daheim sein, wenn die Mutter kam. Was würde sie tun? Sie hatte sich viel zu sehr zusammengenommen. Und wenn sie es nun heute abend nicht mehr zu tun brauchte – was dann?
Jochen riß eine Seite aus einem Heft und schrieb darauf: »Ich bin fort und komme nicht wieder, J.«
Erst ließ er den Zettel auf seinen Büchern liegen, doch als er schon an der Tür war, kehrte er noch einmal um. Dort sah die Mutter ihn vielleicht nicht sofort, wenn sie kam. Deshalb legte er ihn auf den Herd. Fast immer führte Mutters erster Weg in die Küche. Auf der dunklen Herdplatte mußte sie den Zettel gleich sehen, und dann wußte sie, daß Jochen fort war, daß sie sich gar nicht mehr über das aufzuregen brauchte, was er getan hatte. Er war ja doch nicht mehr da.
Ob das ihren Zorn dämpfte? Ob sie sich dann vielleicht Sorgen um ihn machte? Oder war sie froh, daß sie ihn nicht mehr um sich hatte, diesen Jungen, der ihr ja doch nur im Wege stand und obendrein ein Dieb war?
Auf der Straße war es schon fast dunkel, und es war kalt.
Wohin?
Fortlaufen, das hört sich leicht an.
Axel mußte helfen. Axel war ein Freund. Und hatte Jochen nicht heute nachmittag bewiesen, daß auch er ein Freund war, auf den Axel sich verlassen konnte? Axel half bestimmt. Er war klug und sicher, und er wußte bestimmt einen Rat.
Eine Frau öffnete, als Jochen läutete. Sie wies ihn in das letzte Zimmer links.
Axel fuhr sichtlich zusammen, als er Jochen sah, der sonst nie bei ihm gewesen war. Als seine Mutter die Tür hinter sich geschlossen hatte, fragte er mißtrauisch: »Willst du jetzt etwa doch noch etwas sagen?«
Jochen schüttelte entrüstet den Kopf. »Wie kommst du denn darauf? Du hattest doch gar nichts damit zu tun. Warum sollte ich dich da mit reinziehen?«
Endlich stand Axel auf, trat Jochen einen Schritt entgegen und gab ihm die Hand. »Fein, daß du mich mal besuchst. Das vorhin, das fand ich sehr anständig von dir. Ich kenne eine ganze Menge anderer, die bestimmt versucht hätten, wenigstens einen Teil der Schuld auf mich abzuwälzen.«

Jochen sah sich im Zimmer um. Hier sah es ganz anders aus als in seiner eigenen kleinen Kammer. Manchmal war es vielleicht doch ganz gut, wenn man Eltern mit Geld hatte.
»Du, Axel, ich muß weg!«
»Weg? Wieso? Wollen die dich etwa einsperren?«
»Das nicht.« Jochen schüttelte den Kopf. »Aber meine Mutter . . .«
»Die war wohl ziemlich wütend, wie? Immerhin, man kann das ja verstehen. Wenn ich mir vorstelle, was meine Eltern mit mir angestellt hätten, wenn ich . . .«
»Nein, wütend war sie gar nicht. Kein Wort hat sie gesagt. Das ist es ja gerade. Ich soll zu Hause auf sie warten. Und was dann heute abend passiert . . . Ich darf einfach nicht mehr da sein, wenn sie kommt, verstehst du? Aber ich weiß nicht, wohin. Kannst du mir nicht helfen?«
»Meinst du, ich soll dich hier unterbringen? Was sollen denn meine Eltern dazu sagen, und was können wir ihnen erzählen, warum du hier schlafen willst?«
»Einen Rat meine ich, weiter nichts.«
Erst sah Axel den Freund sehr prüfend an, dann hellte sein Gesicht sich allmählich auf. Schon hatte er die Sicherheit wiedergefunden, die ihn beim plötzlichen Auftauchen Jochens vorübergehend verlassen hatte. Jochen wollte also verschwinden. Gut! Wenn ihn die Mutter in ihrem ersten Ärger heute abend vorknöpfte, fing Jochen vielleicht doch noch an zu reden, und dann konnte Axel leicht in die ganze Geschichte hineingezogen werden. Also war es wohl tatsächlich besser, ihm beim Verschwinden zu helfen. Lange blieb er bestimmt doch nicht weg, aber wenn er dann wiederkam, war alles nur noch halb so schlimm, weil seine Mutter bestimmt froh war.
»Wohin willst du denn?«
»Das weiß ich eben nicht. Vielleicht zu meinem Vater. Der ist in Stuttgart.«
»Hast du Geld für eine Fahrkarte?«
Jochen schüttelte den Kopf. »Keinen Pfennig.«
»So viel habe ich auch nicht flüssig, weißt du. Aber nach Stuttgart kommst du auch per Anhalter. Los, komm, das müssen wir organisieren.«
Axel dachte wirklich an alles. Er kaufte eine Packung Vollkornbrot, eine Wurst, Käse, zwei Flaschen Cola. Jochen sollte unter-

wegs nicht verhungern. Dann ließ er auch noch eine Packung Zigaretten und eine Schachtel Streichhölzer in die Tragetasche legen. Als Jochen erwähnte, daß er einen Zettel für die Mutter zurückgelassen hatte, stutzte Axel.

»Ob das klug war? Sieh mal, sobald sie den Zettel liest, ist ihr klar, daß du nicht aus Angst vor einer Tracht Prügel länger ausbleibst, sondern daß du ernsthaft abhauen willst. Und was tut sie zuerst? Sie ruft die Polizei an. Und wenn du dann an der Autobahn stehst und winkst, dann hat die Polizei dich gleich.«

Jochen nickte bedrückt. Das war einzusehen. Axel war überhaupt klug. Er konnte immer gleich alles richtig einschätzen.

»Also ist es besser, du verschwindest noch gar nicht, sondern bleibst noch einen Tag oder auch zwei in der Stadt. Dann ist die Polizei überzeugt, daß du längst über alle Berge bist, und hier sucht dich kein Mensch mehr.«

»Aber wo soll ich denn solange bleiben?«

Axel wußte Rat.

Weit und breit war kein Mensch zu sehen, als sie über den Zaun des Fußballstadions kletterten. Die Aschenbahn war hart. Erster Frost lag in der Luft.

Die Türen der Umkleidekabinen waren verschlossen, kein Fenster ließ sich eindrücken, und sie wollten keine Scheibe einschlagen. Sie gingen an den Tribünen entlang.

Oberhalb der Stehplätze hockte ein Verkaufsstand wie ein Fliegenpilz. Axel drückte gegen die Tür. Sie stand offen.

»Na, bitte, hier haben wir ja ein Einzelzimmer für dich! Und vor dem nächsten Spiel guckt hier bestimmt kein Mensch nach. Bis dahin ist noch lange Zeit. So lange brauchst du gar nicht hierzubleiben.«

Kästen mit leeren Flaschen standen an den Wänden aufgestapelt und strömten schalen Biergeruch aus. Jochen sah sich um. Auf dem Boden war Platz genug zum Schlafen, aber es wurde bestimmt sehr hart und kalt. Axel hatte das auch schon festgestellt.

»Du bleibst jetzt hier, Jochen. Ich laufe noch einmal nach Hause. In einer Stunde oder so bin ich wieder hier. Dann bringe ich dir eine Decke mit, vielleicht auch einen alten Mantel.«

Durch die Tür sah Jochen dem Freund nach, der quer über den Sportplatz lief. Schon nach wenigen Metern war er nicht mehr zu sehen. Es wurde jetzt schon sehr früh dunkel. Ob er auch wirklich wiederkam? Ganz gewiß! Axel war doch ein Freund.

Die Zeit wurde lang, und die Kälte kroch in den kreisrunden Raum. Sicherlich war schon viel mehr als eine Stunde vergangen, und Axel ließ sich noch immer nicht wieder sehen.
Ob es hier im Stadion einen Nachtwächter gab? Vielleicht sogar mit einem Hund?
Die Mutter konnte jetzt vielleicht schon zu Hause sein. Was sie wohl dachte, wenn sie den Zettel fand? Und was tat sie dann?
Und was sagte wohl Elvira, wenn sie alles von Axel erfuhr? Sie begriff bestimmt, daß Jochen das Rundfunkgerät nur für sie hatte stehlen wollen. Ob sie sich jetzt noch etwas aus ihm machte?
»Jochen?«
Es war Axel. Er trat ein, ließ ein Bündel zu Boden fallen und zog dann einen langen Mantel aus, den er über den Anorak gezogen hatte. »Hier! Damit wirst du dich wohl warmhalten können.«
Nebeneinander saßen sie auf der zusammengerollten Decke, hatten sich den Mantel um die Schultern gehängt und rauchten eine Zigarette.
»Bist du ganz sicher, daß dein Vater in Stuttgart dich aufnehmen wird?«
»Sicher nicht. Aber er kann mich doch nicht einfach wieder wegschicken. Das tut er bestimmt nicht, wenn ich ihm alles erzähle, wie es wirklich gekommen ist.«
»Auch das mit mir?«
»Nein, dich halte ich da raus! Ganz bestimmt!«
Sie rauchten schweigend, und wenn Axel den Kopf ein wenig drehte, konnte er bei jedem Zug im rötlichen Glutschimmer Jochens Gesicht erkennen. Es sah sehr ratlos aus.
Axel stand auf. »Ich muß jetzt gehen, Jochen. Für heute nacht bist du hier erst einmal sicher, und morgen wirst du schon weitersehen. Ich komme von der Schule aus schnell mal vorbei und sehe nach, wie es dir geht.«
Dann war er wieder fort.
Jochen wickelte sich in Decke und Mantel und legte sich auf den Boden, dessen Härte auch durch die Polsterung spürbar blieb.
Irgendwie kam er bestimmt bis Stuttgart. Dann mußte sich auch herausfinden lassen, wo der Vater dort eigentlich wohnte. Es gab doch Einwohnermeldeämter oder so etwas. Und wenn der Vater nichts von ihm wissen, wenn er ihn nicht behalten wollte, dann konnte Jochen immer noch Gammler werden. Die zogen schließlich monate- und jahrelang allein durch die Welt und verhunger-

ten auch nicht. Außerdem halfen sie sich gegenseitig. Wenn einer etwas hatte, brauchte keiner zu hungern. Das hatte in einer Illustrierten gestanden.

Es wurde immer kälter.

In was für eine Lage war er jetzt nur geraten! Aber wenigstens hatte er Axel nicht verraten. Und die Mutter sollte sich ruhig einmal Sorgen um ihn machen. Sonst kümmerte sie sich ja doch kaum noch um ihn; nur noch um diesen widerlichen Albert Möller.

Irgendwann mußte er eingeschlafen sein, und als er wieder aufwachte, fühlte er sich ganz steif, wie gefroren. Nein, hier konnte er nicht übernachten. Es war nicht auszuhalten.

Er stand auf, machte ein paar Rumpfbeugen, ließ die Arme kreisen, hüpfte auf der Stelle, um die Kälte aus den Gliedern zu vertreiben.

Als er dann die Tür öffnete, sah er, daß der erste Schnee gefallen war. Eine hauchdünne Decke lag über dem Rasen.

Seine Schritte fraßen eine Spur hinein, als er, den Mantel umgehängt, das Deckenbündel unter dem Arm, die Tragetasche an der Hand, über den Sportplatz ging. Er mußte sich bewegen. Eigentlich konnte es nicht auffallen, wenn er jetzt durch die Stadt ging. So sehr spät konnte es noch gar nicht sein.

Zwei-, dreimal drückte Jochen sich zur Seite, wenn ihn ein Auto überholte, und einmal war es sogar wirklich ein Wagen der Polizei, doch die Beamten sahen oder beachteten ihn nicht. In die Innenstadt wagte sich Jochen nicht. Da waren zu viele Menschen. Die Stadtbusse fuhren noch. Sehr lange hatte er also bestimmt nicht geschlafen.

Obwohl er es eigentlich gar nicht vorgehabt hatte, war er plötzlich in der Straße, in der Axel wohnte, dann stand er vor dem Haus des Freundes. Nur ein Fenster war erleuchtet, und Jochen rechnete aus, daß es wohl Axels Zimmer sein mußte.

»Axel!« rief er. Und noch einmal »Axel!« Oben rührte sich nichts. Jochen suchte nach kleinen Steinchen, sammelte sie auf, warf nach dem Fenster, verfehlte es mehrmals, traf dann. Hinter den Fensterscheiben tauchte ein Gesicht auf, dann wurde das Fenster geöffnet. Axel lehnte sich heraus. Er war im Pyjama.

»Was ist denn los?«

»Ich bin's, Jochen!«

»Warte, ich komme!«

Ein paar Augenblicke später schloß Axel die Tür auf. Er hatte sich einen Bademantel über den Schlafanzug gezogen. »Los, komm rein! Meine Eltern sind noch nicht zu Hause. Sie sind im Theater gewesen, und dann werden sie wohl noch essen gegangen sein.«

Nebeneinander saßen sie auf dem Bettrand.

»Was ist denn los?«

»Da draußen kann ich nicht bleiben, Axel. Da erfriere ich ja.«

»Aber was willst du denn sonst anfangen?«

»Ich weiß nicht.«

»Dann mußt du eben nach Hause gehen.«

»Nein.«

Axel dachte nach.

»Paß auf, Jochen. Heute nacht kannst du hier bei mir schlafen. Meine Eltern gucken nicht mehr in mein Zimmer, wenn sie nach Hause kommen. Und morgen früh mußt du so früh verschwinden, daß sie noch nicht auf sind, also spätestens um halb sieben. Dann fällt das gar nicht auf. Los, zieh dich aus! Wir müssen schnell das Licht ausmachen, ehe meine Eltern kommen.«

Es war warm unter der Bettdecke, und Jochen spürte, wie allmählich die Kälte aus seinem Leib vertrieben wurde.

Sie flüsterten.

»Du, Jochen, ich glaube, im ersten Schreck siehst du alles viel zu tragisch. Vielleicht solltest du doch nicht abhauen. Wenn du morgen wieder zu Hause bist, dann ist deine Mutter froh, daß sie dich wiederhat, und dann sagt sie keinen Ton mehr. Stell dir mal vor, welche Angst sie jetzt um dich hat.«

»Hat sie bestimmt nicht.«

»Das glaube ich aber. Und was kann dir schon passieren? Ich hab noch mal ganz genau darüber nachgedacht. Du bist noch nicht vierzehn. Mit Gericht und so ist da nichts zu machen. Und schließlich – bist du eigentlich früher schon mal erwischt worden?«

»Nein. Denkst du denn, ich klaue dauernd?«

»So meine ich das nicht. Aber wenn es das erste Mal war ... einen Fehler macht doch schließlich jeder mal. Daß deine Mutter sich da erst mächtig aufregen wird, ist doch klar. Was meinst du, wie meine Mutter gezetert hat, als ich vor drei Monaten die Schule wechseln mußte.«

»Warum denn?«

»Ach, das erzähl ich dir lieber ein andermal. Aber jetzt hat sich längst wieder alles beruhigt.«

Draußen auf der Straße hielt ein Wagen.
»Still jetzt! Meine Eltern kommen!«
Sie schwiegen. Axel schob Jochen seinen Arm unter den Kopf. Es war angenehm, die Nähe des anderen zu spüren, seinen Atem zu hören, seine Körperwärme zu übernehmen. Man fühlte sich geborgen, nicht mehr so allein wie dort draußen im Sportstadion. Vielleicht hatte Axel recht, und es war wirklich eine verrückte Idee, einfach fortlaufen zu wollen. Aber das konnte man ja morgen früh noch überlegen.
Und am Morgen war der Entschluß ohne langes Überlegen gefaßt. Als Jochen heimlich aus der Wohnung schlich, wußte er, daß er jetzt heimgehen wollte. Großen Streit konnte es mit der Mutter jetzt nicht mehr geben. Sie mußte gleich zur Arbeit, und Jochen konnte seine Büchertasche nehmen und zur Schule gehen. Er schloß die Wohnungstür auf, und seine Mutter stand da, als hätte sie die ganze Nacht an dieser Tür gewartet.
»Wo kommst du denn jetzt her? Hast du gar nicht daran gedacht, was ich mir für Sorgen machen würde?« Es klang überhaupt nicht böse, sondern eher ein wenig erleichtert.
Aber dann ertönte aus dem Wohnzimmer eine Männerstimme, und Jochen fuhr zusammen, denn er hatte nicht damit gerechnet, daß Herr Möller auch hier sein könnte.
»Nun red nur nicht mit ihm wie mit einem verlorenen Sohn! Erst klaut der Bengel, dann reißt er aus, und wir haben die ganze Nacht den Ärger mit der Polizei!«
Herr Möller trat unter die Tür. »Du bist ja ein feines Früchtchen! Und ich habe bisher immer gedacht, nach der Schule könntest du als Lehrling bei mir anfangen. Aber daraus wird nichts, Bürschchen! Das fehlt mir gerade noch, daß ich mir da einen ins Haus hole, der mir die Ladenkasse ausräumt!«
Was fiel denn diesem Herrn Möller ein! Er hatte ihm gar nichts zu sagen. Die Mutter, ja, aber nicht dieser Herr Möller! Jochen wurde trotzig. »In Ihren Laden wollte ich sowieso nicht!«
»So, frech wirst du auch noch!« Und plötzlich schlug Herr Möller zu. Jochen spürte den Schlag im Gesicht, drehte sich um, lief in sein Zimmer, packte die Schultasche und war schon wieder zur Tür hinaus.
»Jochen!« rief die Mutter ihm noch auf der Treppe nach, doch er hörte nicht auf sie, drehte sich nicht um, lief weiter und schlug die Haustür hinter sich zu.

4

Ein widerlich knirschend-zischendes Geräusch, höhnisches Scherenklappern und die beruhigende Stimme des zittrigen Friseurs, der bei seiner Arbeit auf Jochen einredete, als habe er einen widerborstigen Hund zu trimmen. »Ist ja wirklich 'ne Schande, mein Junge. Schade um die schönen Haare. Mich würde das auch ärgern, das gebe ich zu. Aber ich kann nichts dafür, und das mußt nun wieder du zugeben. Ich tue bloß meine Pflicht, und das muß schließlich jeder. Herr Katz findet lange Haare eben nicht so schick wie du, und Herr Hamel schon gar nicht. Na ja, so lang waren sie eigentlich auch wieder nicht. Aber bei deinen Locken sieht's eben gleich ein bißchen zu üppig aus. Reg dich lieber nicht auf, mein Junge. Haare wachsen wieder nach. Und ich mache es ja auch so glimpflich wie möglich. Wenn wir oben ein bißchen rausnehmen und an den Seiten und hinten ein bißchen weg, dann sieht es schon viel kürzer aus, und ein Kahlkopf bist du noch lange nicht. Ist ja genug da.«

Jochen hatte das sichere Gefühl, es wäre bald nicht mehr genug da, während er mit gesenktem Blick beobachtete, wie eine schwarze Locke nach der anderen auf den schmuddlig-weißen Umhang fiel.

»'ne Weile wirst du ja doch hierbleiben, und solange kommt's gar nicht so drauf an. Hier kommst du ja doch kaum unter die Leute.«

So ein Unsinn! Was gingen Jochen die anderen Leute an und was sie von seinem Haar hielten? Aber er mußte sich immerhin ein paarmal täglich im Spiegel sehen!

»Na bitte, da haben wir's schon. Jetzt hat Herr Katz bestimmt nichts mehr gegen deinen Kopf, und wenn Herr Hamel noch nicht zufrieden sein sollte, dann sagst du ihm einfach, ich hätte gesagt, noch kürzer ginge es nicht, sonst sähst du nachher aus wie ein schlechtrasierter Kaktus. Nun los, Junge, guck ruhig mal in den Spiegel. Sieht doch gar nicht so schlecht aus, nicht wahr?«

Der Friseur hatte wirklich sein Bestes getan, doch Jochen sah sein Spiegelbild fassungslos an, wollte etwas sagen, kniff dann aber die Lippen zusammen. Es hatte ja doch keinen Zweck. Hier ging es nicht nach seinem Willen. Vielleicht mußten die Haare kurz sein, wenn man so etwas wie einen anständigen Menschen aus ihm machen wollte. Und vielleicht durfte er dann gar keinen Willen mehr haben oder ihn sich wenigstens nicht anmerken lassen. Widerspruch fiel nur auf. Er schluckte, ließ sich das Tuch abnehmen und rutschte unter dem mitleidig-wohlwollenden Lächeln des alten Mannes vom Stuhl.

»Bist wohl noch nicht lange hier, wie? Bei mir warst du jedenfalls noch nicht.«

»Seit gestern erst.«

Der Alte nickte verständnisvoll. »Dann sieht alles noch ziemlich schlimm aus, wie? Aber du gewöhnst dich dran, mein Junge. Ganz bestimmt. Ich weiß das. Wenn man schon so lange hier ist und gesehen hat, wie die Jungs gekommen und gegangen sind . . . Erst sind sie alle ein bißchen aufsässig, weißt du. Das kann man ja auch verstehen. Aber das legt sich bald. Mit einem dicken Kopf kommt man hier nicht weiter, und wenn du das erst begriffen hast, geht alles viel besser. Immer schön klein beigeben, das ist das beste. Und wenn du erst ein Weilchen hier bist, dann lasse ich mal ein paar Millimeter länger stehen, und beim nächstenmal wieder – dann merken die da drüben gar nicht so richtig, daß dein Haar wieder so wird wie früher. Kannst dich drauf verlassen.« Er pustete Härchen aus seiner Maschine. »Bloß ausreißen darfst du nicht, Junge. Das laß lieber bleiben. Dann mußt du nämlich wieder zu mir kommen, und dann ist die ganze Lockenpracht auf einmal weg. Aber so was machst du ja bestimmt nicht. Bist doch ein ganz vernünftiger Kerl, wie?«

»Auf Wiedersehen«, sagte Jochen und ging hinaus, um sich bei Herrn Hamel zu melden.

»Jetzt siehst du beinahe aus wie ein ordentlicher Mensch«, sagte der Erzieher nach einem prüfenden Blick. »Immerhin – der alte Wolter war wieder mal zu großzügig. Dabei weiß er genau, daß ich einen kurzen Haarschnitt wünsche. Gut, das ist nicht deine Schuld. Aber das hier«, er deutete mit dem Zeigefinger auf einen Bogen Papier auf seinem Schreibtisch, und Jochen erkannte, daß es sein Aufsatz war, »das hier, das hast du ganz allein zu verantworten. Ich nenne das dickköpfig, Boxer. Einfach dickköpfig. Aber wenn wir gemeinsam etwas erreichen wollen, dann kommt es auf deine Einsicht an, verstehst du? Wir können nichts aus dir machen, solange du deine Fehler nicht einsiehst.« Er lächelte.

»Du schreibst mir am nächsten Wochenende noch einmal einen Aufsatz. Überschrift wie gehabt. Und wenn ich dann nicht zu-

frieden bin, schreibst du in der übernächsten Woche wieder einen und in der Woche danach auch, und so geht es immer weiter, bis ich an deinem Aufsatz merken kann, daß du allmählich begriffen hast, warum du wirklich hier bist. Ist das klar?«
Jochen nickte.

Wenn nur die Schule nicht so langweilig wäre!
Die achte und neunte Klasse wurden gemeinsam unterrichtet. Dann waren es trotzdem nur neunzehn Jungen, und Jochen hatte den Eindruck, er kenne alles, was der Lehrer sagte, schon aus der siebenten oder sogar der sechsten Klasse.
Die meisten Jungen gingen zur Sonderschule, und anscheinend gehörte nicht viel dazu, in die Hauptschule aufgenommen und hier auch versetzt zu werden.
Angenehm war an der ganzen Schule nur Sven, der Banknachbar, dem der Unterricht herzlich gleichgültig war, weil er ihm keine Hürden setzte, die eine Mühe lohnten, der jedoch längst seine eigenen Methoden entwickelt hatte, sich die Zeit, die nun einmal abzusitzen war, so angenehm zu vertreiben, wie es eben ging.
Nachdem Jochen eine Viertelstunde im Kopf mitgerechnet hatte, was die anderen mühselig auf Papier zusammenbrachten, ließ er es damit gut sein und ging dazu über, auf dem karierten Papier mit Sven eine erbitterte Seeschlacht auszutragen, und sie versenkten ihre Schiffe so eifrig, daß sie das müde Frage-und-Antwort-Spiel der Klasse nicht dabei stören konnte.
»Jäger?«
Jochen fuhr zusammen.
»Nun?«
»Ich . . .«
»Ja, bitte, ich höre!«
»Ich weiß nicht, Herr Löffler.«
Der Lehrer, der über das Pensionsalter hinaus war, es jedoch für menschlich und nützlich hielt, hier im Heim wenigstens noch einige Wochenstunden zu geben, hob die Augenbrauen.
»Das weißt du nicht?« Er blätterte in seinem Notizbuch. »Hier steht, daß du aus der neunten Klasse zu uns gekommen bist. Ist das richtig?«
»Ja.«
»Aus der Hauptschule, nicht etwa aus der Sonderschule?«
»Aus der Hauptschule.«

»Und dann weißt du nicht, wieviel ein Drittel in Prozenten ist? Du mußt recht nachsichtige Lehrer gehabt haben. Vielleicht wäre es doch besser, wir nähmen dich zunächst in die achte Klasse auf.«

»$33^{1}/_{3}$, Herr Löffler.«

»Sven, du sollst nicht immer vorsagen. Daß du es weißt, ist mir klar.«

Sven stand auf. »Der Jojo weiß das auch, Herr Löffler. Ich habe nicht vorgesagt.«

»Nun, wir werden ihm eben in der nächsten Zeit mal ein wenig auf den Zahn fühlen, dann werden wir ja merken, was er kann und was ihm fehlt.«

Jochen wandte seine halbe Aufmerksamkeit gelangweilt dem Unterricht zu. Das fehlte ihm gerade noch, daß man ihn in dieser Schule um eine Klasse zurückversetzte.

»Los, komm mit an die Hecke!«

Gemeinsam mit Pudel und Dackel lief Jochen nach dem Abendessen aus dem Haus, nachdem sie sich vergewissert hatten, daß Herr Hamel in seinem Zimmer war und sie nicht sehen konnte. Sie umgingen das Küchengebäude, sprangen über die Reihe der Mülltonnen hinweg, zwängten sich durch ein paar Taxussträuche, die an einen Friedhof denken ließen, und erreichten die hohe Hecke, die so dicht war wie eine Mauer und das Heimgelände an seiner Hinterfront abgrenzte.

Pudel schob die Hand unter seinen Gürtel und zog unter dem Gummiband der Unterhose eine zerknautschte Zigarettenpakkung heraus, strich sie glatt, zog drei Zigaretten heraus, versorgte Sven und Jochen, schob sich die dritte selbst zwischen die Lippen und ließ ein Zündholz aufflammen.

Sie rauchten hastig, den Blick auf die Lücken zwischen den Taxusbäumen gerichtet, und schirmten die Glut mit den hohlen Händen ab.

»Woher?« fragte Sven.

Pudel grinste. »Siehst du doch an der Marke. Von Kaiser Rotbart.«

»Der hat dir Zigaretten geschenkt?«

»Geschenkt kann man eigentlich nicht sagen. Er hat sie auf dem Tisch gelassen. Aber der raucht ja so viel, daß er nachher bestimmt gedacht hat, er hätte schon alle aufgequalmt.«

Nach einem Weilchen fragte Pudel: »Warum bist du eigentlich hier, Jojo?«
Die Frage war ihm unangenehm. Nicht genug, daß er diesen Aufsatz noch einmal schreiben sollte, jetzt fing Pudel auch noch damit an.
»Krach mit meiner Mutter und so. Und du?«
Pudel kauerte sich auf seine Absätze, die anderen beiden taten es ihm nach.
»Na, jedenfalls nicht wegen so'n Kinderkram«, antwortete er, und es klang sehr stolz. »Die meisten hier haben doch bloß die Schule geschwänzt und ein bißchen Warenhausdiebstahl und sowas. Da ist bei mir schon 'n bißchen mehr dran.«
»Was denn?«
»Zweiundzwanzig Brüche.«
»Wie meinst du das?«
»Einbrüche, du Anfänger. Wir waren eine Bande. Tolle Jungs, darauf kannst du dich verlassen. Drei waren wir und haben Kioske ausgenommen. Zigaretten, Schokolade, mal 'ne Kasse, wenn noch was drin war. Zu rauchen und zu essen hatten wir immer, und dann noch ein Haufen Zeug zum Verkaufen. Man muß immer die Taschen vollhaben, das ist die Hauptsache. Und wir waren clever, das kann ich dir sagen! Uns hat keiner geschnappt.«
»Wieso bist du dann hier?« fragte Jochen ungläubig.
»Weil der eine ein Rindvieh war. Da sagt der uns doch eines Tages, er wüßte 'nen feinen Bruch, ganz ungefährlich und mindestens sechshundert Eier. Da war'n wir natürlich Feuer und Flamme, das kannste dir denken. Sechshundert ist ein Haufen Geld zu dritt. Und dann war's nicht mal 'n richtiger Bruch. Einfach zur Haustür rein, 'ne Wohnungstür aufgeschlossen, an 'nen Küchenschrank, und in 'ner Tasse mit Goldrand lagen die Scheine. ›Dem Jubelpaar‹ stand drauf, auf der Tasse. Ich sage ja, 'n richtiger Bruch war das gar nicht. Wir war'n einfach bei dem seiner Oma. Und wie wir dann wieder raus sind, da trifft uns 'ne Frau auf der Treppe, und der, der sich da auskannte, sagt noch: Guten Tag, Frau Meier. 'ne halbe Stunde später war die Oma wieder zu Hause, hat gleich gemerkt, daß ihre Piepen weg waren, und dann hat sie das ganze Haus zusammengezetert, und die Meier, die hat gesagt, sie sollte doch mal ihren Enkel fragen, vielleicht wüßte der was. Da ham'se den in die Mangel genommen,

und der Dussel hat ausgepackt. Nicht bloß mit den sechshundert, sondern auch gleich noch die zweiundzwanzig Brüche, und dann hat er geheult wie'n Säugling und gesagt, ich hätte ihn doch bloß verführt und so'n Quatsch. Wollte sich ja bloß rausreden. Und die Oma war ja auch ganz gerührt über ihren armen Kleinen, richtig geflennt hat sie. Und dann ist sie zur Polizei, und abends war'n dann die Bullen bei uns zu Hause. Wäre ja vielleicht noch gutgegangen, weißt du. Vorher war ich doch noch keinem aufgefallen. Die hatten meinen Namen noch nirgends in ihren Papieren. Aber als die Bullen zu uns kamen, hatte mein Vater gerade einen gehoben. Was heißt einen. Blau war er. Und da hat er sich mit der Polizei angelegt. War ja ganz lustig. Er hat gemeint: ›Na ja, der Bengel hat eben 'n bißchen mehr Taschengeld gebraucht. Der ist nämlich nicht bei der Polizei, wo er den ganzen Tag rumfaulenzen kann und dafür 'ne Stange Geld einstreicht.‹ Da war'n se sauer, das kannste dir denken. Mein Alter hätte eben kleine Brötchen backen müssen. Und wenn er dann noch gesagt hätte, also, lassen Se man gut sein, meine Herrn, den Bengel, den werd ich mir mal vorknöpfen, dann wäre die Sache noch gar nicht so mies gelaufen. Aber so . . . Na ja, ewig bleib ich ja nicht hier.«
»Und dein Vater?«
»Der? Och, das ist längst wieder in Ordnung. Als er mich hier zum erstenmal besucht hat, sind wir nur so'n bißchen im Garten rumgelaufen, und dann hat er mir gesagt: ›Mensch, Junge, was ich jetzt für'n Geld spare! Ich brauche ja monatelang keine Zigarette mehr zu kaufen!‹ Da hatte er oben auf dem Boden unser Vorratslager entdeckt. Der war ganz zufrieden. Der ist auch in Ordnung, abgesehen davon, daß er säuft. Bestimmt.«
Pudel spendierte noch eine Runde Zigaretten.
»Und warum bist du hier, Sven?« fragte Jochen dann.
»Och, das erzähl ich dir vielleicht ein andermal«, antwortete Sven zögernd. »Das ist eine zu lange Geschichte. Und wir müssen machen, daß wir wieder ins Haus kommen.«
Pudel lachte ein meckerndes Lachen. »Der ziert sich bloß. Davon redet er nämlich nicht gern, weißt du. Also, ich würde mich ja auch schämen. Aber wenn er nicht will, ich sag nichts. Am Anfang hat er uns ja immer vorerzählt, er hätte Mopeds geklaut. Dabei weiß er wahrscheinlich gar nicht, wie man so'n Ding in Gang bringt. Aber dann hab ich mal bei Hammel Staub gewischt, und da lag Dackels Akte auf dem Tisch. Hab ich natürlich

nachgesehen. Also, Mopedklauen und so, davon stand da kein Wort. Aber ich sage nichts. Er kann's dir ja selbst erzählen, wenn er will.« Er meckerte nochmals.
»Gehen wir«, sagte Sven verlegen.
»Du gehst als erster ins Haus und guckst, ob die Luft rein ist, Jojo«, ordnete Pudel an. »Hammel braucht uns nicht zu schnappen.«
Jochen gehorchte, und als er gerade durch die Tür treten wollte, tauchte Hammel auf. »Woher, Boxer?«
»Ich hab nur noch ein bißchen frische Luft geschnappt.« Jochen versuchte einen schnellen Blick über die Schulter, um zu sehen, ob die beiden anderen sich in Sicherheit gebracht hatten. Sie waren nicht zu sehen.
Der Erzieher trat ganz nahe heran und schnüffelte wie ein Hund an einem Laternenpfahl.
»Du hast geraucht.«
Jochen schwieg.
»Gib mir die Zigaretten.«
»Ich hab keine.«
»Man riecht deutlich, daß du eben geraucht hast, also mußt du doch Zigaretten haben.«
»Ich hatte nur noch die eine.«
»Von wem?«
»Die war noch in der Tasche von meinem guten Anzug.«
»Komm mit.«
Dann stand Jochen dem Erzieher in dessen Zimmer gegenüber.
»Ich denke, du hast die Hausordnung gelesen und verstanden. Dann weißt du auch, daß Rauchen hier verboten ist. Ich sehe es nicht gern, wenn ihr euch über die Hausordnung hinwegsetzt. Hier wird gehorcht, verstehst du? So fängt es nämlich immer an. Ihr habt nicht parieren gelernt, setzt euch über alle möglichen Verbote und Anordnungen hinweg, und dabei verliert ihr die Achtung vor den Gesetzen. Und was dabei herauskommt, das siehst du ja am besten an dir selbst. Aber ich lasse das nicht durchgehen, verstehst du? Wir machen hier schon noch einen anständigen Menschen aus dir, darauf kannst du dich verlassen. Und damit du nicht zu schnell wieder vergißt, daß du dich an diese Regeln zu halten hast, wirst du die nächsten drei Abende unten im Waschraum, in den Toiletten und in den Duschen für Ordnung sorgen. Ab mit dir!«

Gut daran war, daß man nicht schon gleichzeitig mit den anderen sofort nach dem Duschen ins Bett mußte, wenn man hier unten Dienst hatte.

Jochen wischte den Boden auf, putzte die Spiegel, polierte an jedem Wasserhahn, wischte die Kacheln der Duschzellen ab, versteifte sich auf einen hartnäckigen Seifenfleck an einem der verchromten Handgriffe. Es machte beinahe Spaß, wie alles nacheinander zu blinken begann. So versunken war Jochen in seine Arbeit, daß er erschrocken zusammenfuhr, als Sven hinter ihm stand und sagte: »Du, Jojo . . .«

»Darfst du denn noch hier unten sein?«

»Wenn ich doch mal muß? Außerdem hören wir, wenn Hammel runterkommt, und dann verschwinde ich eben schnell aufs Klo. Ich wollte nur . . . du hast doch vorhin gefragt, warum ich hier bin, und ich wollte nicht darüber sprechen, solange Pudel dabei war. Aber von dem sollst du's auch nicht hören, und der erzählt es dir ja doch. Seit er's weiß, wissen's alle. Da sage ich's dir schon lieber selbst.«

»Wenn du nicht willst, Sven . . . Ich rede ja auch nicht gern darüber.« Sven lehnte sich an das große Waschbecken und sah zu Boden, als wollte er das Fliesenmuster studieren. »Doch, doch, dir sag ich's. Bei uns im Waisenhaus, da hab ich was mit Mädchen gehabt. Du weißt schon . . . Nicht etwa mit Gewalt, weißt du, das nicht. Aber wie's dann rausgekommen ist, da haben beide der Schwester gesagt – da waren nämlich Schwestern, bei uns im Waisenhaus –, also, da haben beide gesagt, ich hätte sie gezwungen. Und da hat die Schwester gesagt, ich wäre ein Ungeheuer, und für das Waisenhaus wäre ich eine sittliche Gefahr, und man könnte mich nicht mehr behalten. Darum bin ich jetzt hier.«

Er schwieg, hob endlich den Blick von den Fliesen und sah Jochen forschend an, als läge ihm sehr viel daran, ob der andere ihn dafür verurteilte oder nicht.

Jochen war es unbehaglich.

»Wieso eigentlich Waisenhaus?« fragte er, um ein anderes Thema bemüht.

»Weil ich doch keine Eltern habe. Ich bin unehelich, weißt du, und meine Mutter hat sich aufgehängt, da war ich fünf. Die Schwester hat auch gesagt, als ich so was gemacht habe, das hätte ich bloß von meiner Mutter, die wäre ja auch so eine gewesen. Aber das find ich gemein.«

»So, ich glaube, jetzt ist alles fertig«, sagte Jochen, sah sich noch einmal gründlich um und konnte keinen Makel mehr entdecken.
»Du, Jojo«, Sven sah wieder zur Seite. »Hast du eigentlich auch schon mal ein Mädchen gehabt? Du verstehst schon, was ich meine. So richtig, mein ich. Wo du doch so hübsch bist und alles . . .«
»Mensch, hör mir bloß mit den Weibern auf«, knurrte Jochen und schleuderte das Scheuertuch wütend in den Putzschrank.

Damals, ein paar Tage nach der Sache mit dem Transistorgerät, war Jochen Elvira auf der Straße begegnet. Ein anderer Junge war bei ihr, und Jochen kannte ihn, denn er war aus einer Parallelklasse in der gleichen Schule.
Sie trug die Kette, die er für sie gestohlen hatte.
Er ging auf sie zu und wollte sie begrüßen, doch sie warf den Kopf in den Nacken, sah zur Seite und ging vorbei, als wäre er gar nicht da. Jochen blieb stehen und sah den beiden nach. Er sah, daß Elvira dem Jungen etwas erzählte, und der drehte sich nach ihm um und grinste so unverschämt, daß Jochen ahnte, was Elvira ihm gesagt haben könnte.
Er war wütend. Nun gut, wenn sie nichts mehr mit ihm zu tun haben wollte, dann war das ihre Sache. Aber so hochnäsig brauchte sie wirklich nicht zu tun, denn sie mußte doch genau wissen, daß er alles nur ihr zuliebe getan hatte.
Am nächsten Morgen ging Jochen in der großen Pause auf dem Schulhof auf und ab und trank seine Milch. Der Junge aus der anderen Klasse ging dicht an ihm vorbei, grinste und sagte laut genug, daß auch andere es hören konnten: »Kaufhausdieb!«
Jochen tat, als habe er es überhört. Doch als er am Ende des Schulhofs kehrtgemacht hatte, zurückkam und in der Schulhofmitte wieder dem anderen begegnete, hatten sich bereits zwei weitere Jungen aus seiner Klasse eingefunden. Jetzt spotteten alle laut: »Schürzenjäger! Kaufhausdieb!«
»Ich bring dich um, du Schwein!« schrie er, sprang den Jungen an, der viel größer und stämmiger war als er selbst, und da er wohl seine Unterlegenheit in einer wirklichen Schlägerei erkannte, schlug er mit der Milchflasche zu, traf den Kopf des anderen, der zu Boden ging und die Hände vor das Gesicht schlug. Zwischen den Fingern sickerte Blut hervor.
Schon am nächsten Tag war die Polizei im Haus. »Schwere Kör-

perverletzung« nannte es der Beamte, der ein Protokoll aufnahm.
Die Mutter sagte auch diesmal nichts. Aber sie weinte.
In der nächsten Woche kam eine Vorladung zum Jugendamt.
Eine Fürsorgerin hatte den Bericht der Polizei vor sich, redete von Gewalttätigkeit, wirkte aber gleichmütig-freundlich und riet der Mutter, sich mehr um ihren Jungen zu kümmern, der wohl etwas schwierig sei.
»Wie ist denn diese Schlägerei überhaupt losgegangen?« fragte die Fürsorgerin.
»Er hat mich einen Kaufhausdieb genannt!«
»Kaufhausdieb? Wie kam er denn darauf?«
Das Jugendamt wußte von den Diebstählen noch nichts. Jetzt erklärte Jochen stockend, und die Mutter ergänzte.
Die Frau notierte sehr eifrig, und in den Akten standen nun zwei Straftaten: Diebstahl, schwere Körperverletzung.
Jochen war es gleichgültig. Aber daß sich in der Schule herumgesprochen hatte, was da vorgefallen war, das konnte ihm nicht gleichgültig sein. Vom nächsten Tage an war deutlich genug zu spüren, daß einige, mit denen er bisher auf ganz gutem Fuß gestanden hatte, nichts mehr mit ihm zu tun haben wollten. Dafür schienen andere sich geradezu um seine Gunst zu bewerben, aber das waren nicht die, mit denen er gern befreundet wäre.
Und am schlimmsten war, daß inzwischen auch Herr Kremer von der Sache erfahren hatte. Er nahm Jochen in der Pause zur Seite und sagte: »Was ich da hören mußte, hat mich enttäuscht, Jochen. Ich habe immer so viel von dir gehalten, das weißt du doch. Wie konntest du nur in solche Dinge hineinschlittern? Das paßt doch gar nicht zu dir! Aber nun ist es einmal geschehen, das läßt sich nicht ändern. Daß die anderen jetzt eine Weile über dich reden, das mußt du in Kauf nehmen. Schließlich ist es deine Schuld. Und diejenigen, die am meisten reden, sind vielleicht auch nicht gerade Unschuldsengel. Am stärksten empören sich immer die, die noch nie erwischt worden sind. Das kennt man ja. Und noch eins, Jochen. Zwischen uns ist alles, wie es bisher war, verstanden? Ich denke, das alles war ein Ausrutscher, mehr nicht. Das ist dumm genug, aber es kann jedem mal passieren. Es gibt da ein altes Wort: Fallen ist keine Schande, aber liegenbleiben. Künftig nimmst du dich zusammen, und dann kommt so etwas nicht mehr vor. Kann ich mich darauf verlassen?«

Jochen nickte betreten, und es war ihm ernst.
Nur – am selben Nachmittag begegnete er Elvira, und diesmal war sie allein. Heute trug sie den himmelblauen Pulli, den sie auch bei der ersten Begegnung angehabt hatte, und die Kette sah darauf wirklich sehr gut aus.
»Elvira«, sagte Jochen, während er ihr den Weg vertrat, »warum hast du bloß dem anderen erzählt, was ich angestellt habe?«
Es klang sehr schnippisch und sehr selbstgerecht, als sie antwortete: »Weil ruhig jeder wissen kann, was du für einer bist. Außerdem lasse ich mir nicht vorschreiben, was ich meinen Freunden erzählen darf und was nicht.«
Damit wollte sie sich an Jochen vorbeischieben und sagte: »Geh mir aus dem Weg!«
In diesem Augenblick packte Jochen zu. Er hatte die Kette greifen und abreißen wollen, doch er packte den Pullover, der unter seinem Zerren zerriß. Er packte abermals zu, griff nach der Kette, doch Elvira wehrte sich, und es wurde fast so etwas wie ein Ringkampf daraus. Die Kette platzte, und die Holzperlen sprangen klickend über das Pflaster.
Und plötzlich schrie Elvira: »Hilfe! Hilfe!«
Ein Mann kam aus dem Haus gestürzt, schnappte sich Jochen und hielt ihn fest.
»Du, bleib mal schön hier, mein Junge! Und du auch, Mädchen. Wir wollen doch mal hören, was dieser Kerl der Polizei zu erzählen hat.« Auf der Polizeiwache saß ein sehr junger Wachtmeister hinter einer klapprigen Schreibmaschine.
»Was hat er denn von dir gewollt?« fragte er Elvira.
Sie wurde rot. »Ich weiß doch auch nicht. Ich glaube, er wollte mich vergewaltigen.«
»Du dumme Pute!« schrie Jochen sie an. »Mitten auf der Straße, wie? Die Kette wollte ich haben, und das weißt du genau.«
»Kompliziert«, sagte der Beamte und grinste breit. »Ist das nun versuchte Vergewaltigung oder versuchter Raub?«
Allmählich begriff er die Geschichte mit der Kette, und an die Vergewaltigung glaubte er wohl von Anfang an nicht recht. Elvira erzählte, wie sie Jochen kennengelernt hatte, und sie erwähnte auch Axel dabei.
»So, war da noch einer dabei?«
Hastig warf Jochen ein: »Den habe ich kaum gekannt. Hatte ihn gerade erst getroffen. Der hat damit gar nichts zu tun. Die

Kette habe ich allein gestohlen. Davon hat Axel nichts gewußt, wirklich nicht. Und wieso denn Raub? Ich wollte meine Kette wiederhaben, das ist alles. Und die da, das ist ein altes Klatschweib!«

»Sachte, sachte, mein Junge, so geht's ja nun nicht.« Der Beamte schien alles sehr lustig zu finden. Während er das Protokoll schrieb, schmunzelte er andauernd vor sich hin, und Jochen hatte schon das Gefühl, es würde wohl doch alles nicht so schlimm enden.

Aber am Abend kam Elvira mit ihrer Mutter zu Jochen nach Hause, weil der Pullover zerrissen war. Die Mutter war sehr dick, sehr aufgeregt und sehr kurzatmig. »Man kann ja seine Tochter nicht mehr auf die Straße lassen, wenn sie von solchen Strolchen wie ihrem da angefallen wird«, erklärte sie. »Und der Pullover hat zwölf Mark achtzig gekostet, und ihr Bengel gehört überhaupt ins Kittchen, gehört der!«

Die Mutter hatte die zwölf Mark und achtzig bezahlt und kaum ein Wort gesagt, auch dann noch nicht, als Elvira und ihre Mutter wieder gegangen waren.

In der nächsten Woche kam wieder eine Vorladung zum Jugendamt, und diesmal wirkte die Fürsorgerin viel kühler als vor ein paar Tagen.

»Warenhausdiebstahl, schwere Körperverletzung, versuchter Raub, wenn wir die von der Zeugin angegebenen sexuellen Motive einmal fortlassen wollen, das ist schon eine ganz ansehnliche Liste für Ihren Jungen, Frau Jäger. Mir scheint, er ist wirklich nicht leicht zu handhaben.«

»Wenn man mit einem Jungen in dem Alter allein ist und arbeiten muß, damit er zu essen hat . . .«

»Ja, ja, das habe ich aus den Akten gesehen. Ich kann mir gut vorstellen, daß man in einer solchen Lage als Mutter überfordert sein muß. Vielleicht sollte man sich in einem solchen Fall fragen, ob nicht die freiwillige Erziehungshilfe die bessere Möglichkeit gerade im Interesse des Jungen ist, ehe noch größeres Unheil entsteht. Er hätte dann seine Ordnung und wäre unter Aufsicht . . .«

»Aber ich kann ihn doch nicht einfach weggeben. Ich bin doch seine Mutter.«

»Gerade weil Sie seine Mutter sind, sollten Sie gut überlegen, was für den Jungen der beste Weg ist. Ich will Sie nicht drängen, Frau Jäger, aber wir werden Ihren Jürgen-Joachim jetzt selbstverständlich sehr im Auge behalten, und wenn noch etwas vorfällt, wären wir vielleicht gezwungen, von uns aus die Fürsorgeerziehung zu beantragen.«

»Dann hab ich ihn wenigstens nicht fortgeschickt.«

»Das ist richtig; aber die Sache hat zwei Seiten. Wird er vom Richter eingewiesen, nachdem wir es beantragen, dann entscheidet die Anstalt im Zusammenwirken mit dem Gericht darüber, wann er aus der Fürsorgeerziehung wieder entlassen wird. Wenn Sie aber freiwillige Erziehungshilfe beantragen, dann können Sie ihn jederzeit wieder zu sich nehmen, wenn Sie das Gefühl haben, daß er endlich zur Vernunft gekommen ist. Wie gesagt, ich will Sie nicht drängen, Frau Jäger, aber . . .«

Man sagt immer, Behörden arbeiteten sehr langsam. Manchmal tun sie es nicht. Vierzehn Tage später hatten die Mutter und Herr Möller Jochen im Heim abgeliefert.

Jochen hatte noch mit seiner Mutter reden wollen, hatte sie beschwören wollen, ihn nicht fortzugeben, hatte ihr versprechen wollen, daß bestimmt nichts mehr vorfallen werde. Aber er hatte es dann doch nicht getan.

Die Mutter tat in diesen letzten Tagen, als wäre er gar nicht da. Sie sprach oft mit Herrn Möller, und Jochen ahnte, daß es dabei um ihn ging. Was hatte es für einen Zweck, mit der Mutter zu sprechen, die ihn ja doch nur los sein wollte, weil Herr Möller es ihr einredete. Denn der sprach bestimmt nicht dagegen, da war Jochen ganz sicher.

Im Büro von Herrn Katz, dem Heimleiter, hatte Herr Möller gesagt: »Nun versuchen Sie mal, ob sich aus dem Bengel noch etwas machen läßt.« Er hatte überhaupt das Wort geführt, als wäre er der Vater. Herr Katz hatte es mit einem verwunderten Gesicht quittiert und sich immer wieder deutlich genug mit seinen Fragen an die Mutter gewandt, aber Herr Möller hatte das gar nicht bemerkt.

Wenn Jochen sich richtig erinnerte, hatte die Mutter überhaupt nur noch einmal etwas gesagt; ganz zuletzt, als sie sich verabschiedete und Jochen nichts sagen konnte.

»Halt dich gut, mein Junge«, hatte die Mutter gesagt.

Aber dann war sie gegangen.

5

Am Wochenende schrieb Jochen zwei Briefe und einen Aufsatz. Der erste Brief lautete:

»Liebe Mutter,
ich bin jetzt eine Woche hier, und es geht mir gut. Im Heim ist es ganz prima unter so vielen anderen Jungen. Ich will hier gar nicht wieder weg. Ich habe auch ein paar Freunde gefunden, mit denen ich immer zusammen bin. Der eine ist ein Einbrecher, und was der andere gemacht hat, will ich Dir lieber nicht schreiben. Laß mich ruhig hier. Es macht viel Spaß, und ich kann eine Menge lernen.

Jochen«

Der zweite lautete:

»Lieber Axel,
ich halte das hier nicht aus. Alle sind mißtrauisch, und es gibt dauernd Streit. Die Haare haben sie mir auch geschnitten, und Hammel, unser Erzieher, hat dauernd etwas an mir auszusetzen. Wenn ich hier lange bleiben muß, reiße ich aus, oder ich bringe mich um. Wenn ich bloß wüßte, was ich tun muß, damit ich hier schnell wieder wegkomme. Weißt Du keinen Rat?

Dein Freund Jochen«

Den ersten Brief gab er, wie es verlangt wurde, unverschlossen bei Herrn Hamel ab und bekam ihn zurück, weil Angaben über die Straftaten anderer Jungen nicht zulässig seien, doch sonst sei erfreulich, daß er sich offenbar schon eingelebt habe und recht wohl fühle.
Den zweiten Brief gab er dem Friseur, der sogar eine Briefmarke opferte und den Brief dann draußen einwarf. Das tat er manchmal, wenn auch nicht für alle. So etwas sprach sich herum, und Jochen hatte den guten Tip von Sven bekommen.
Der Aufsatz hatte die Überschrift »Warum ich hier bin«, doch er wiederholte nur, was schon im vergangenen Aufsatz gestanden hatte. Jochen biß die Zähne zusammen, als er das Blatt Herrn Hamel auf den Schreibtisch legte.
Der warf nur einen flüchtigen Blick auf die Zeilen und sagte dann: »Also, zum nächsten Wochenende wieder, Boxer!«

Für die Erzieher gehörte es zu den Berufspflichten, daß sie in regelmäßigen Abständen ihre Zöglinge schriftlich beurteilten; das änderte nichts daran, daß sie ihrerseits auch von den Jungen beurteilt wurden. Die schriftlich niedergelegten Meinungen der Erwachsenen wurden säuberlich gelocht und auf weißen DIN-A4-Bogen den vielen anderen DIN-A4-Bogen in den Akten beigeheftet. Sie waren jederzeit griffbereit, nachschlagbar und unveränderlich und konnten herangezogen werden, wenn es darauf ankam, sich ein Bild von einem der Jungen zu machen. Die Urteile der Jungen über die Erzieher wurden hingegen mündlich überliefert; sie waren Veränderungen unterworfen, die jeweils von dem abhingen, der sie an Neulinge weitergab, doch in den Grundzügen waren sie endgültig ausgeprägt und blieben erhalten.
Solche mündlichen Überlieferungen beschäftigten sich allerdings nur mit denen, die einer solchen Mühe wert waren, weil sie zum Haus gehörten, ständig anwesend waren und in allem ihr Wort mitzureden hatten. Praktikanten lohnten solche Mühe nicht. Sie waren allzu vorübergehende Erscheinungen, gewannen in den wenigen Wochen ihres Heimdienstes keinen entscheidenden Einfluß, kannten sich im Mechanismus des Heimlebens so wenig aus, daß man sie leicht hinters Licht führen konnte, ja, daß sie auf die Hilfe der Jungen angewiesen waren, wenn sie ihr Praktikum ohne offensichtliches Versagen und daraus folgende Rügen hinter sich bringen wollten. Von den Jungen wurden sie beinahe als Leidensgefährten betrachtet; denn auch sie waren der ständigen Beurteilung unterworfen, die allerdings, und darin lag der entscheidende Unterschied, nicht für die Entlassung, sondern gerade für die Einstellung wichtig war. Von Praktikanten sagte man nur sehr wenig: in Ordnung, nett, blöd, Angeber, weicher Heini. Das genügte. Erzieher hingegen waren wichtige, bestimmende Bestandteile des Lebens; deshalb verdienten sie größere Aufmerksamkeit und ausführlichere Würdigung.
Die Erzieher hatten die Akten. Sie gaben ihnen erste Anhaltspunkte und zugleich die Grundlage, auf der sich das Bauwerk der Beurteilung allmählich herausbildete. In den Einlieferungsakten war der Bauplan gewissermaßen schon angelegt. Den Jungen war eine solche Grundlage nicht zugänglich, und doch gingen ihre Beurteilungen von einem kaum minder handfesten Material aus. Sie sammelten es aus Gesprächsabfällen, aus gelegentlichen Er-

zählungen der Erzieher, aus beiläufigen Hinweisen von Kollegen, aus verärgert-bissigen Bemerkungen von Rivalen, aus dem Klatsch der Küchenfrauen und der Schneiderei, aus den Beobachtungen und Überlieferungen von Zöglingsgenerationen.

Hätte man sich die Mühe gemacht, den Wahrheitsgehalt der von beiden Seiten abgegebenen Beurteilungen zu vergleichen, so hätte man vermutlich verwundert bemerkt, daß er in beiden Fällen etwa gleich groß war. Die mosaikartig zusammengetragenen und zusammengefügten Informationen über die Erzieher enthielten etwa ebensoviel Tatsachen wie die Akten der Jungen. Verzerrungen und Mißdeutungen gab es auf beiden Seiten, und selbst im Willen zur Unvoreingenommenheit war der Unterschied unerheblich.

Was die Jungen über Herrn Hamel, genannt Hammel, weitergaben, hörte sich etwa so an:

1918 geboren, 1937 Abitur, dann Arbeitsdienst, Wehrmacht, Krieg, Kriegsgefangenschaft, Heimkehr. Das war im Jahre 1947, und Hammel war zu dieser Zeit neunundzwanzig Jahre alt und hatte noch keine Gelegenheit gehabt, einen Beruf zu ergreifen. Er hatte nichts. Nicht Frau, nicht Kind, nicht Beruf, nicht Wohnung. Und der Ehrgeiz, der den Abiturienten einmal erfüllt haben mochte, war irgendwann während des Krieges oder der Gefangenschaft abhanden gekommen. Mit neunundzwanzig war man immerhin kein ganz junger Mann mehr, und die Aussicht, nun noch auf Jahre hinaus einen Beruf zu erlernen, war nicht verlockend. Zudem hatte ein Dach über dem Kopf gefehlt, und so hatte der Feldwebel außer Dienst, der Polen, Frankreich, Rußland und einige Lazarette aus eigener Anschauung kannte, der mit dem Eisernen Kreuz zweiter Klasse, dem silbernen Verwundetenabzeichen und einem vergilbten Abiturzeugnis ausgezeichnet war, sich auf eine Anzeige hin als Heimerzieher beworben, war eingestellt worden und hatte hinfort eine geheizte Stube, regelmäßiges Essen und ein gesichertes, wenn auch spärliches Gehalt sein eigen nennen können.

Von der Erziehung wußte er soviel, wie jeder davon weiß, der selbst einmal erzogen worden ist: von einem strengen, aber gerechten Vater, einem Scharführer in der Hitler-Jugend, einem Vorgesetzten im Arbeitsdienst, einem Unteroffizier in der Wehrmacht, einem Kompanieführer an der Front. Dazu hatte er zu Beginn seiner Erzieherlaufbahn ein paar Bücher gekauft: ein

Werkbuch für Jungen, ein Spielhandbuch, eine Psychologie des Jugendalters, einen Band Spielszenen und Sketche, zwei Liederbücher. Mit einer Ausnahme hatte er sie alle gewissenhaft durchgearbeitet. Die Ausnahme war das Werk über die Psychologie der Kindheit und des Jugendalters, denn das war nicht allzu leicht verständlich, es verlangte Hingabe, und dazu war man zu abgespannt, wenn man den Tag über eine viel zu große Schar von Jungen um sich versammelt hatte.

Eine förmliche Berufsausbildung wurde damals nicht verlangt. Die Leiter der Jugendheime waren froh, wenn sie Erzieher bekommen konnten. Und als sich später mehr und mehr die Notwendigkeit zeigte, Erzieher gründlich auszubilden, ehe man sie praktisch arbeiten ließ, war Hammel bereits ein erfahrener Erzieher, dem man eine nachträgliche Ausbildung nicht mehr zumuten konnte, der aber andererseits auch nicht mehr zu Heimleiterehren aufsteigen konnte, weil ihm dafür die notwendigen Papiere fehlten.

Im Grunde war Hammel überzeugt, daß eine noch so sorgfältige Ausbildung nicht den Erfahrungsschatz ersetzen könnte, den er sich im Laufe der Jahre angeeignet hatte. Was er gelegentlich von Praktikanten oder jüngeren Kollegen über Testverfahren, Soziogramme, Psychologie, Gruppendynamik und ähnlichen Krimskrams hörte, schien ihm die Arbeit nur unnötig zu komplizieren. Er hatte sich längst seine eigenen Erziehungsgrundsätze zurechtgezimmert, sie waren klar, knapp, einleuchtend und bedurften keiner wissenschaftlichen Verbrämung. Diese Lehrsätze hämmerte er auch den Praktikanten ein, die ihm regelmäßig seit ein paar Jahren zugeteilt wurden. Die Praktikanten hörten sie aufmerksam an und lächelten nur nach innen.

»Erziehen heißt«, so sagte er, »das Gute, das in einem Bengel steckt, zu fördern, das Schlechte zu unterdrücken. Bei den Kerlen, die wir hier bekommen, gibt es da wenig zu fördern und viel zu unterdrücken, das werden Sie selbst noch merken, wenn Sie erst soviel Erfahrung haben wie ich.

Handwerkszeug brauchen wir nicht viel. Ein paar von den zehn Geboten genügen. Du sollst nicht stehlen, du sollst nicht lügen, du sollst nicht Unkeuschheit treiben. Vater und Mutter ehren wäre in den meisten Fällen schon etwas viel verlangt. Und dazu kommen dann noch ein paar Grundsätze, die keine Erfindungen sind. Uralt sind sie. Man muß sie nur wirklich durchsetzen. Die

meisten findet man in alten Spruchweisheiten wieder. Die muß man den Jungen einhämmern. Nicht den Text meine ich, den kapieren sie doch nicht; aber den Sinn.« Und dann zählte er die wenigen Sprüche auf, nach denen er erzog:
»Willst du, daß wir mit hinein in das Haus dich bauen, laß es dir gefallen, Stein, daß wir dich behauen.«
»Lehrjahre sind keine Herrenjahre.«
»Gehorsam ist des Christen Schmuck.«
»Jedes Ding an seinem Ort spart Arbeit und manch böses Wort.«
»Was du nicht willst, daß man dir tu, das füg auch keinem andern zu.«
Damit kam er nun seit zweiundzwanzig Jahren als Erzieher zurecht, und zwar alles in allem ganz gut, wie er meinte.
Und die Jungen wußten genau: Bei Hammel kommt man am besten weg, wenn man den Mund hält, pariert, seinen Schrank in Ordnung hat, sein Bett kantig baut, pünktlich ist, die Schuhe blitzblank putzt, nackt duscht, kurzes Haar und einen sauberen Scheitel hat, die Fingernägel sauberhält, die Stühle im Tagesraum ordentlich ausrichtet, wenn man Tischdienst hat, niemals »hm«, sondern immer »jawohl« sagt, niemals widerspricht und vor allem durch keinerlei Anzeichen zu erkennen gibt, daß man irgend etwas über den Unterschied zwischen Jungen und Mädchen weiß.
So einfach war das. Man mußte es nur wissen und schon gelernt haben, sich danach zu richten.

Neben Jochens Tasse stand eine brennende Kerze, auf allen Tellern lagen zwei Stücke Zuckerkuchen. Die Jungen blieben hinter den Stühlen stehen und sangen: »Zum Geburtstag viel Glück, zum Geburtstag viel Glück . . .« Es klappte gut, nur einmal geriet alles durcheinander, weil einige »lieber Jojo«, andere »lieber Jochen« und ein paar auch gemeinsam mit Herrn Hamel »lieber Boxer« sangen.
Herr Hamel hielt dann seine kleine Glückwunschansprache, die nur Jochen selbst aufmerksam anhörte, weil die anderen sie alle längst kannten, weil in der Gruppe fünfzehnmal jährlich Geburtstag war, meistens aber noch öfter, da die Jungen bisweilen wechselten.
Nachdem alles ganz freundlich und herzlich geklungen hatte, sagte Hammel zum Schluß: »Und dann, Boxer, vergiß eines nicht:

Wenn man vierzehn geworden ist, dann ist man strafmündig, und wenn nun wieder einmal etwas vorfällt, dann kommst du nicht mehr so glimpflich davon, sondern dann mußt du vor den Richter.« Ein seltsamer Glückwunsch.
Eigentlich durfte die Mutter heute zum erstenmal zu Besuch kommen. Zum Geburtstag war das erlaubt. Aber von ihr war schon gestern eine Karte gekommen mit einem bunten Blumenstrauß darauf: »Mein lieber Junge, zu Deinem Geburtstag wünsche ich Dir alles Gute. Ich wollte Dich gern besuchen, aber wir haben im Geschäft leider so viel zu tun, daß ich mir gerade jetzt keinen freien Tag nehmen kann. Dafür habe ich auch ein schönes Paket an Dich abgeschickt, und beim nächsten Besuchstag komme ich dann ganz bestimmt. In Liebe, Deine Mutter.« Quer an den Rand war auch noch geschrieben: »Herr Möller läßt Dich herzlich grüßen«, doch das glaubte Jochen nicht.
Das Paket war noch nicht da, und von Axel war keine Zeile gekommen. Dreimal hatte Jochen ihm inzwischen geschrieben, doch Axel hatte nicht geantwortet.
Als alle sich gesetzt hatten und frühstückten, zog Sven aus seiner Brusttasche ein schmales, flaches Päckchen in Seidenpapier und legte es Jochen auf den Teller. »Hier Jochen, zum Geburtstag!«
Sechs Filzschreiber in einer Plastikhülle: rot, blau, grün, gelb, braun und schwarz.
»Vielen Dank, Sven. Das wäre doch wirklich nicht nötig gewesen. Und dabei hast du doch in den letzten beiden Wochen kaum Taschengeld gehabt mit deinen Minuspunkten. Aber ich freue mich wirklich, du.«
Sven wurde rot vor Freude.
Mit dem Taschengeld hatte er in den letzten Wochen wirklich soviel Pech gehabt wie Jochen selbst. Es gab eine Mark pro Woche, wenn alles gutging. Aber dann durfte man kein Minuszeichen in Hammels Merkbuch haben, und die wurden bei zahllosen Gelegenheiten eingetragen: schlechtgeputzte Schuhe, zu spät zu einer Mahlzeit, lautes Reden bei Tisch, schmutzige Fingernägel. Volles Taschengeld war selten. Jeder Minuspunkt bedeutete zehn Pfennig Abzug, und so hatte Jochen es in den letzten vier Wochen nur auf insgesamt neunzig Pfennig gebracht, und für Sven sah es nicht viel besser aus. Er hatte wirklich jeden Groschen gespart und sich nicht das kleinste Stück Kaugummi geleistet. Weil es dann immer noch nicht gereicht hatte und ihm noch vierzig Pfen-

nig fehlten, hatte er gestern noch einen Bleistiftanspitzer und einen Radiergummi verkauft. Pudel war der Abnehmer gewesen. Er hatte immer ein bißchen mehr Geld als die anderen, und keiner wußte, woher es kam.
Nach dem Mittagessen rief Hammel Jochen zu sich ins Zimmer. Das Paket von der Mutter war gekommen, und Jochen mußte es in Gegenwart des Erziehers auspacken.
Die Mutter war offensichtlich rund durch Herrn Möllers Lebensmittelgeschäft gegangen, und was sich da an Süßigkeiten, Keksen, Wurst, Schinken, Fischkonserven und anderen Leckereien türmte, war wirklich beträchtlich.
Nur einmal hob Herr Hamel die Augenbrauen, nahm eine Pakkung Weinbrandkirschen zur Hand und meinte zweifelnd: »Ob die nun gerade das Richtige für euch sind? Weißt du, von Alkohol halte ich nicht viel. Das tut euch nicht gut.«
»Viel ist da ja nun wirklich nicht drin, Herr Hamel.«
»Jeder Rausch beginnt mit einem ersten Schluck, und man sollte euch gar nicht erst auf den Geschmack kommen lassen.« Aber dann legte er die Packung doch wieder zu allem übrigen und warnte nur: »Aber iß sie nicht alle auf einmal!«
Die Warnung war schon deswegen überflüssig, weil Jochen, als er mit seinen Schätzen das Erzieherzimmer verließ, zahlreichen begehrlichen Blicken begegnete. Heute kauten, schmatzten, lutschten alle bei den Schularbeiten, und Kaiser Rotbart hatte offenbar keine Bedenken gegen Weinbrandkirschen, denn er nahm gleich zwei, als Jochen ihm die Packung anbot, während Hammel sich doch lieber für Nougatpralinen entschied. Auch dabei zögerte er erst einige Sekunden, denn eigentlich widersprach es seinen Grundsätzen, etwas von den Jungen anzunehmen. Sie glaubten dann allzu leicht, sie hätten sich mit ihrer Gabe Zugeständnisse des Erziehers für die Zukunft erkauft.
Während der Schularbeiten kam sogar der Heimleiter, Herr Katz, um Jochen zu gratulieren. Man sah ihn nicht oft, denn er hatte im Büro so viel Arbeit, daß er von den meisten Jungen nur noch die Akten sah; aber zum Geburtstag ließ er sich immer sehen, brachte einen Glückwunsch mit und meistens ein Buch. Für Jochen war es eine Abenteuergeschichte aus Südamerika.
Vom Lesen hielt Jochen nicht besonders viel, und sein Dank fiel ein wenig oberflächlich aus, als gleich darauf auch noch Kaiser Rotbart ihm ein Taschenbuch auf den Platz legte.

Dabei hatte die Mutter immer gemeint, Bücher müßten sein.
Sie meinte, vom Lesen sei noch keiner dümmer geworden, und ein bißchen was bliebe immer hängen. Sie sagte es im Tonfall eines Anglers, der den ganzen Tag nichts gefangen hat und es noch ein letztes Mal versuchen will. Wer zu viele Köder ausgeworfen hat, glaubt nicht mehr an einen Biß.
Sie brachte Jochen manchmal Bücher mit. Sie waren außen sehr bunt, und ihr Papier war dick. Das machte mehr her für's Geld. Innen, auf der Umschlagklappe, hieß es meistens, es handele sich um eine besonders spannende Geschichte. Manchmal ließ Jochen sich dadurch verleiten, in dem Buch zu lesen, bevor er es zu den anderen stellte.
Da suchten dann ein paar Jungen einen alten Schatz, der ausgerechnet dort vergraben lag, wo sie sich in den Ferien getroffen hatten. Wenn es nach Jochens Büchern ging, war die Welt mit Schätzen vollgestopft.
Manchmal jagten die Jungen auch bloß einen Verbrecher. Der war dann zwar schrecklich gemein, aber doch wenigstens so stockdumm, daß er in die plumpsten Fallen tappte: Mäusehirn hinter fliehender Stirn.
Oder es hörte sich erst gar nicht so abenteuerlich an. Ein Neuer kam in die Klasse. Er war ziemlich mickrig, und die anderen wollten nichts von ihm wissen. Aber dann tat der Neue etwas ganz Tolles. Er rettete dem armen Heini das Leben, oder er verdrosch das Muskelpaket der Klasse, das gerade einen kleinen Hund quälte, oder tat sonst etwas sehr Edles. Dann schämten sich die anderen ein bißchen, und der Neue war nun plötzlich nicht mehr neu, und die anderen hätten ihm vor lauter Begeisterung am liebsten die Schulmappe nach Hause getragen.
Die meisten Bücher stellte Jochen schnell wieder auf sein Regal, weil er die Jungen nicht ausstehen konnte, die in der Geschichte vorkamen. Sie waren alle sehr tüchtig und schrieben vermutlich nur Einsen. Wenn sie sprachen, dann klang es, als hätten sie es vorher aufgeschrieben und auswendig gelernt. Die Eltern paßten zu den Söhnen. Die Väter waren streng, aber gerecht, und die Mütter strichen lächelnd Hemdkragen glatt, wenn die Jungen erlebnisfroh heimkamen. Und geschieden waren Eltern nie.
Das Regal war wohlgefüllt und mit seinen kunterbunten Buchrücken ein wahrer Zimmerschmuck. Von dem kleinen Bücherschrank im Wohnzimmer unterschied es sich dadurch, daß dort

die halbledernen Einbände würdevoller wirkten. Wenn aber einmal ein Besucher ein Buch in die Hand nahm, konnte es ihm in Mutters Bücherschrank wie an Jochens Regal geschehen, daß er beim Blättern erst die Seiten voneinander lösen mußte.
Die Mutter meinte, wer nicht lese, der bleibe dumm; der Geist brauche Nahrung aus Büchern so dringend wie der Körper Vitamine aus frischem Obst. Sie selbst habe leider, leider viel zu wenig Zeit zum Lesen, aber Jochen mit seinen dreizehn Jahren wisse ohnehin nichts mit seinen freien Stunden anzufangen; er sollte etwas für das Leben lernen, solange er noch Zeit dazu habe.
Aber Jochen glaubte weder an das Leben in den Büchern noch an die Worte der Mutter. Wenn wirklich so viel an den Büchern war, dann mußte die Mutter doch wenigstens hin und wieder eines zur Hand nehmen.
Leben, das war Lärm auf dem Schulhof, Torjubel auf dem Fußballplatz, Verbissenheit auf der Aschenbahn, Ticken der Stoppuhr. Leben, das war Spiel mit einem kleinen Hund, Schwimmen im Fluß, beißender Rauch an offenen Feuern, Barfußlaufen in heißem Sand. Leben war schweißverklebter Staub, den man von Gesicht und Händen wusch, aber es war nicht der trockene Staub, der auf Papier zu Buchstaben gerann.
Am Abend seines vierzehnten Geburtstages legte Jochen sich ins Bett, kaute noch ein paar Kekse, sah das Buch an, das er von Herrn Katz bekommen hatte, griff dann zu dem Taschenbuch von Kaiser Rotbart. Schnurre stand darauf, und Jochen fand den Namen sehr passend für einen Mann, der Bücher schrieb. Er las dort ein paar Zeilen, wo das Buch sich selbst aufschlug. »... er hatte ihnen ja nicht verraten, daß er ein heimlicher König war und zwischen Kupfergraben und Spree das schweigsamste, schönste und gehorsamste aller Länder regierte: das Nachtkerzenreich, die Klettenprovinz, das Land Rattengrau ...«
Jochen blätterte zurück und entdeckte die Überschrift: »Steppenkopp.« Ein merkwürdiger Titel. Mal sehen!
»Es war kurz nach zwölf; an den Schulhof stieß der Exerzierplatz einer Kaserne, trotz der geschlossenen Fenster hörte man deutlich durch das träge Kratzen der Stahlfedern hindurch die Kommandos ...«
Jochen las zögernd, wurde neugieriger, las. Er sah den Jungen und die »Augenschlitze so schmal, als wären sie nachträglich in

diesen armen, glatten, zeitlosen Kegelkopf mit der stumpfen, tierisch witternden Nase eingeritzt worden«.
Er verstand den heimlichen König eines Reiches, das allen anderen unzugänglich blieb. Er verstand sogar den Mann, der Steppenkopp nicht lieben konnte, aber jetzt an ihm hing.
Mutter hatte einmal behauptet, in einer Geschichte entdecke man sich zuweilen selbst. Jochen entdeckte zwar nicht sich selbst, wohl aber einen Menschen, der unversehens zum wichtigsten Menschen der Welt wurde. Es kam sehr viel darauf an, ob die Ratten ihm gehorchten und die Falken ihm untertan waren.
Jochen las, und er hatte nicht ein einziges Mal das Gefühl, jemand beuge sich über ihn und klopfe ihm onkelhaft lächelnd auf die Schulter. Der das geschrieben hatte, gab sich nicht einmal Mühe, alles so deutlich zu machen, daß man es nur auf eine einzige Art deuten konnte. Er hatte sich gar nicht vorgenommen, Lesern eine Geschichte zu erzählen. Er erzählte sie sich nur selbst und vertraute wohl darauf, daß ein Leser sie gleichwohl verstünde. Vielleicht hielt er sehr viel von Lesern. Wörter waren aufgereiht wie in den bunten Büchern auf dem Regal zu Hause. Aber sie waren aufgeschrieben von einem, der es verstand, den Staub von den Wörtern zu klopfen, daß sie wie neu waren.
»Heini zitterte; er hatte die Fingerspitzen auf den Boden gestützt und konzentrierte sich auf den Sprung. Er war jetzt kein König mehr; er war ein Greifenjunges, mit Pantherflanken und einem Raubvogelkopf. Und dann sprang er.«
»So, jetzt wird das Licht ausgemacht«, sagte Herr Hamel.
Jochen hob den Kopf. »Einen Augenblick noch!« sagte er und las weiter.
Leben, das war auch die Frage, wie es dem Kinde des Wanderfalken erging, das waren auch die »Mörtelstaubfähnchen«, die Prißke voranwehten, das war auch der Verrat der Sonne an ihrem Herrscher Steppenkopp.
Es war fast ein Wunder, daß Hammel das Licht tatsächlich noch eine Viertelstunde anließ, nachdem er gemurmelt hatte: »Na ja, weil heute Geburtstag ist . . .«
Leben, das war auch die Stille nach den letzten Sätzen: »Witternd hob er den Kopf, ob er die Falken nicht sähe. Der Himmel war leer.«
»Leseratte?« fragte Herr Hamel, als er nach einer Viertelstunde wiederkam.

»Kaum«, gab Jochen zu.
Herr Hamel betrachtete das Taschenbuch. »Eigentlich ist das nichts für Kinder«, sagte er. »Aber vielleicht gerade deshalb...«
Jochen freute sich auf den nächsten Tag. In dem Buch standen noch mehr Geschichten.
Leben, das war auch Neugierde auf fremdes Leben, erfunden von einem Menschen, der viel vom Leben verstand.
Und der Geburtstag – im Grunde war er doch sehr schön gewesen.

6

Schon am nächsten Abend sahen alle Jungen auf den ersten Blick, daß Hammel wütend war, als er zum Abendessen kam. Er war dann immer sehr blaß, preßte die Lippen eng zusammen, und um die Mundwinkel war ein Zucken, als wollte der Zorn herausplatzen und würde nur mühsam gebändigt. Meistens wartete der Erzieher dann, bis alle gegessen hatten, ehe er mit dem Grund seines Ärgers herauskam, doch diesmal rief er gleich nach dem Gebet sehr scharf:
»Boxer!«
»Ja?« Jochen hob den Blick von der Käseecke, die er gerade aus dem Silberpapier wickelte.
»Habe ich dir nicht gleich am ersten Tag gesagt, daß ich Schweinereien in meiner Gruppe nicht dulde?«
»Ja, haben Sie«, gab Jochen gleichmütig und nur ein wenig verwundert zurück.
»Steh gefälligst auf, wenn ich mit dir rede.«
Jochen schob seinen Stuhl mit den Kniekehlen zurück, stand auf und sah den Erzieher fragend an.
»Wie kommst du dazu, die Toilettentür mit schweinischen Ausdrücken zu beschmieren?«
»Die Toilettentür? Ich?«
»Ja, du! Versuch gar nicht erst, mich auch noch anzulügen. Soviel ich weiß, hat niemand außer dir einen grünen Filzschreiber.«
»Aber ich habe nichts an die Toilettentür geschrieben. Solchen Kinderkram mache ich nicht.«

Hammels Gesicht wirkte eisig. »Ich kenne deine Akten und weiß allerlei Kinderkram, den du schon gemacht hast. Und meinst du vielleicht, ich beobachte euch hier gar nicht? Deine Akte und dann die dicke Freundschaft mit Dackel, der ja in dieser Hinsicht auch nicht gerade ein unbeschriebenes Blatt ist, und dazu noch ein grüner Filzschreiber. Ich müßte ja dumm sein, wenn ich mir darauf nicht meinen Reim machen würde. Du hast eine Woche Kellerdienst, dein erster Ausgang am Sonntag ist gestrichen, das Taschengeld entfällt für vierzehn Tage. Ich habe für alles Verständnis, aber nicht für solche Schweinereien. Immerhin seid ihr Menschen und keine Tiere. Und ich denke nicht daran, mir von einem Ferkel die ganze Gruppe verderben zu lassen. Setz dich!«
Jochen protestierte. »Ich war das nicht, und ich lasse mich nicht für etwas bestrafen, was ich gar nicht getan habe.«
»Du sollst dich setzen, habe ich gesagt. Wenn du noch lange widersprichst, muß ich deine Strafe verschärfen.«
Jochen setzte sich, schob seinen Teller zur Seite und aß nicht. Pudel sah es wohlgefällig nickend und zog Jochens Portion zu sich herüber. Er wurde selten richtig satt.
Gleich nach dem Essen ging Jochen zu Herrn Hamel.
»Was willst du denn noch? Ich will in nächster Zeit möglichst wenig von dir sehen!«
»Herr Hamel, ich habe nichts an die Toilettentür geschrieben, und ich lasse mir das einfach nicht gefallen. Ich werde mich bei Herrn Katz beschweren!«
Herr Hamel sprang auf, als hätte Jochen ihn schwer beleidigt. »Du willst dich beschweren! Über mich! Das hat bisher noch keiner gewagt, mein Junge, und ich möchte es dir nicht raten! Du wirst schon sehen, wer hier den längeren Arm hat! Die Beurteilungen schreibe ich, und davon hängt es ab, wann du hier wieder herauskommst!«
»Das ist aber ungerecht, Herr Hamel!«
»Das wird ja immer schöner! Jetzt wirfst du mir auch noch Ungerechtigkeit vor. Ausgerechnet du! Wenn ich überlege, was so alles in deiner Akte steht und was auch hier schon vorgefallen ist, dann wundere ich mich, daß du überhaupt noch wagst, dieses Wort in den Mund zu nehmen! Und wenn du noch so unschuldig guckst, mich kannst du damit nicht beeindrucken. Ich kenne euch doch! Aber wenn es euch an den Kragen geht, steht ihr ja nie für das ein, was ihr getan habt!«

»Ich habe das nicht getan, und ich lasse mich nicht vor allen anderen von Ihnen beleidigen. Das habe ich gar nicht nötig!«
Herr Hamel zwang sich zur Ruhe. »So? Du hast es nicht nötig. Nun, dann werde ich dir eben beweisen, daß du doch dieser Schmierer gewesen bist. Außerdem hast nur du einen grünen Filzschreiber. Kein anderer in der Gruppe hat ihn. Ich habe doch gesehen, was dein Freund Sven dir zum Geburtstag geschenkt hat. Los, komm mit in den Keller, dann werden wir ja sehen! Nein, hier! Schreib erst noch in Druckbuchstaben ein paar Worte auf diesen Zettel. Schreib: Freund gesucht. Schreib: Mitternacht. Das genügt. Und nun komm.«
Jochen hatte gleichmütig geschrieben, und ebenso sicher folgte er jetzt dem Erzieher in den Keller. Auf der Treppe begegneten sie Kaiser Rotbart, der sich ihnen anschloß.
Mit anklägerischem Schwung öffnete Hammel eine der Toilettentüren. »Hier, sieh dir das an . . .« Dann stockte er. Die Tür wies keine Beschriftung auf. »Aber hier war doch . . .« Er öffnete ergebnislos die benachbarte Tür, wurde unsicher.
»Was da stand, habe ich soeben abgewischt, Herr Hamel«, sagte der Praktikant. »Filzschreiber auf Lack, das geht sehr leicht weg.«
Hammel fuhr herum. »Wie kommen Sie dazu, einfach ein Beweisstück zu beseitigen, Herr Winkelmann? Hinter meinem Rükken! Ohne mich zu fragen! Ihnen ist wohl nicht klar, daß Sie hier als Erzieher zu wirken haben, wenigstens noch zwei Tage, bis ihr Praktikum vorüber ist, nicht aber als Verbündeter dieser Taugenichtse?«
Rotbart sagte sanft: »Vielleicht sollten wir vor dem Jungen doch einen anderen Ton anschlagen, Herr Hamel.«
Es sah aus, als wollte der Erzieher ihn anspringen. »Was fällt Ihnen ein? Wollen Sie mir Vorschriften machen? Ich habe ein bißchen mehr Erfahrung als Sie, das können Sie mir glauben, und ich verbitte mir, daß Sie in meine erzieherischen Maßnahmen eingreifen.«
»Für die beste erzieherische Maßnahme habe ich es gehalten, die Schrift einfach wegzuwischen und nicht so ein Schuld-und-Sühne-Theater aufzuführen. Was ist denn an der ganzen Geschichte so furchtbar? Ein Junge hat etwas an die Toilettentür geschrieben. Das soll nicht sein, gut. Aber Brandstiftung wäre schlimmer. Ich sehe da gar keinen Grund zur Aufregung. Ich finde es einfach

unwürdig, wenn man wegen einer so kindischen Handlungsweise ein solches Theater aufführt!«

»Darüber sprechen wir wohl besser, wenn wir allein sind. Du kannst gehen, Boxer.«

»Und die Strafen?«

»Die bleiben. Es gibt keinen anderen grünen Filzschreiber in der Gruppe.«

Noch einmal mischte Rotbart sich ein. »Ich kann mir nicht vorstellen, daß Jochen es wirklich war. Der würde nämlich Mitternacht kaum mit einem t und ohne c schreiben.«

»Ich habe gesagt, du kannst gehen, Boxer!«

Jochen ging, und als er in den Schlafraum kam, war außer Sven niemand darin. Der kam sofort zu ihm, zog ihn auf den Bettrand und flüsterte, den Blick mißtrauisch auf die Tür gerichtet: »Jochen, ich glaube, ich weiß, wer's wirklich war. Pudel hat mir gesagt, daß Terrier das Etui mit den Filzschreibern aus deinem Schrank genommen hat. Ich habe gerade nachgesehen, es ist wirklich nicht da.«

»Wo ist der Kerl?«

»Der ist mit den anderen an die Hecke gegangen. Pudel wollte dir auch eine spendieren.«

»Der soll etwas erleben! Aber vorher gehe ich zu Hammel.«

Sven hielt Jochen, der schon aufstehen wollte, am Ärmel fest und wiegte bedenklich den Kopf. »Das laß lieber bleiben, Jochen. Wir machen in unserer Gruppe ja alles Mögliche, zugegeben; aber einen anderen bei Hammel verpfeifen, das macht keiner. Und wenn du's doch tust, dann bist du unten durch.«

»Meinst du, ich putze eine ganze Woche da unten, kriege keinen Ausgang und kein Taschengeld, und Terrier war's?«

»Pech.« Sven grinste. »Aber ich bin ganz sicher, daß Terrier dir morgen früh anbietet, daß er deinen Dienst übernehmen und dir sein Taschengeld geben will. Nur mit dem Ausgang, das geht nicht, aber Terrier bleibt dann bestimmt auch hier. Und ich übrigens auch, wenn du nicht wegdarfst.«

Jochen war nicht überzeugt, doch da die anderen gerade zurückkamen, lauschend die Köpfe hoben, weil aus dem Erzieherzimmer laute Stimmen drangen, und dann erleichtert in ihre Stuben gingen, blieb Jochen keine Zeit mehr zum Widerspruch.

Er packte Terrier, der gerade an seinem Bett vorbeiging, am Hemd. »Sag mal, hast du meine Filzschreiber noch?«

»Ich? Deine Filzschreiber? Du spinnst wohl? Was soll ich damit?«
»Halt ihn mal fest«, sagte Pudel, war schon an Terriers Schrank, durchsuchte mit geübten Griffen die Wäsche und zog triumphierend die Plastikhülle mit den Filzschreibern dazwischen hervor. »Hier haste deinen Kram wieder«, sagte er und warf Jochen die Schreiber zu. »Und was du erwarten darfst, Terrier, das weißte ja wohl.«
Als Jochen nach dem Duschen an seine Arbeit im Keller ging, kam Terrier wortlos hinzu und half. Er wirkte sehr verlegen, und als die Arbeit getan war, sagte er kleinlaut: »Hör mal, Boxer, kannst du nicht mal mit den anderen reden? Ich wollte dir die Dinger wirklich nicht klauen. Ehrenwort! Ich hab da nur was gemalt, und da habe ich vergessen ... Das kann doch mal passieren.«
»Und an die Klotür hast du auch was geschmiert, und du hast kein Wort gesagt, als Hammel mich dafür bestraft hat.«
»Konnt' ich doch nicht, Boxer. Bestimmt nicht. Mensch, wenn du wüßtest, was der schon alles in meiner Akte hat. Ich krieg ja nie 'ne Beurteilung, daß ich hier mal wieder rauskomme. Und du bist noch neu, da ist das gar nicht so schlimm. So schnell entlassen sie dich hier sowieso nicht wieder, und du kannst noch genug gute Beurteilungen kriegen. Aber ich bin schon vier Jahre hier, und wenn ich jetzt nicht endlich rauskomme, dann muß ich auch noch in die Lehrlingsabteilung ...«
»Heul mir nichts vor! Das hättest du dir ja alles vorher überlegen können!«
»Du redest wie Hammel. Hast du dir denn immer alles vorher überlegt, was du gemacht hast?«
Jochen stutzte. »Nein, das habe ich nicht. Aber solche Gemeinheit wie du heute abend, das hab ich mir auch noch nicht geleistet.« Er ließ den anderen stehen und ging in den Schlafraum.
Terrier sagte kein Wort, als er nachkam, doch er war sehr blaß. Erst als das Licht schon gelöscht war, sagte er. »Wenn ihr wollt, gehe ich auch zu Hammel und sage ihm, daß ich es war.«
Er blieb ohne Antwort.
Einschlafen konnte er nicht. Dazu wußte er zu genau, was dieses Schweigen der anderen bedeutete, und er hatte Angst. Immer wieder sah er vor sich, wie Pudel vor ungefähr einem Jahr aus-

gesehen hatte. Die anderen Jungen in der Stube waren in der Nacht über ihn hergefallen, weil er einem anderen aus seinem Geburtstagspäckchen Kuchen gestohlen hatte. Fast zwei Wochen hatte Pudel danach im Krankenrevier gelegen, und Hammel hatte sich keine große Mühe gegeben, die Schuldigen zu entdekken. »Ihr seid schließlich hier, um erzogen zu werden«, hatte er gesagt, »und ich kann nicht einsehen, warum ich eingreifen soll, wenn ihr in solchen Fällen zur Selbsterziehung greift.« Erst nach einigem Zögern hatte er hinzugesetzt: »Allerdings – Körperverletzung ist ebenfalls eine strafbare Handlung, daran solltet ihr in künftigen Fällen denken.« Aber Terrier war ganz sicher, daß an diesen Zusatz bestimmt keiner mehr dachte.
Und es gab kein Ausweichen. Bestimmt schlugen die anderen zu. Aber wann? Wahrscheinlich nicht gleich heute nacht. Sie sparten ihre Rache auf, ließen das Opfer warten und verlängerten damit seine Qualen. Aber vergeßlich waren sie nicht.

Terrier war verschwunden. Sein Platz am Frühstückstisch blieb leer.
»Der hatte die Hosen voll und ist stiftengegangen«, stellte Sven gleichmütig fest. »Aber den haben sie bald wieder. Wahrscheinlich heute noch. Und dann hat er nur wieder seine Beurteilung vermasselt, seine Keile kriegt er doch, und zu Hause setzt es vorher auch noch Dresche.«
Auch Herr Hamel nahm die Tatsache, daß Terrier verschwunden war, ohne Erregung zur Kenntnis, ging zum Telefon und meldete Herrn Katz, daß sein Zögling wieder einmal verschwunden sei und vermutlich an derselben Stelle wie immer abgeholt werden könne.
In dieser Hinsicht bot Terrier keine Probleme. Von allen Jungen des Heimes war er bisher am häufigsten entwichen, aber stets genügte ein Anruf bei der Polizei, um ihn wieder einzufangen. Seine Fantasie reichte nicht einmal zu einer richtigen Flucht aus.
Es kam natürlich mal vor, daß Jungen verschwanden. In ganz Deutschland und einem guten Teil von Europa hatte man sie schon wieder eingesammelt. Im vergangenen Jahr war einer ohne Fahrkarte mit der Bahn bis nach Genua gekommen, einen anderen hatte die deutsche Botschaft in Paris wieder zur Grenze geleitet. Manche blieben zwei, drei Wochen unterwegs, aber eingefangen wurden sie alle.

Terrier hatte kein Fernweh. Ihm ging es wie einem Hund, der immer nur zu seinem Herrn zurückstrebt. Wenn er sich bedroht fühlte, wenn es Strafen gesetzt hatte, wenn er sich ungerecht behandelt fühlte oder wenn er einfach das ständige Einerlei und den leidigen Zwang des Heimes nicht mehr ertrug, dann machte er sich heimlich davon, und er hatte es nicht weit bis zu seinem Ziel. Er lief nach Hause, als suchte er Schutz ausgerechnet dort, wo es keinen Schutz für ihn gab. Er war früher schon der Prügelknabe unter den sieben Geschwistern gewesen, die Eltern waren froh, daß sie einen Esser weniger im Hause hatten, und wenn Terrier bei ihnen auftauchte, setzte es Prügel, weil er eine Schande für die Familie sei mit seinem ewigen Weglaufen, und er würde nur noch alle in Schwierigkeiten bringen, wenn die Polizei jedesmal käme, um ihn abzuholen. Manchmal brauchte die Polizei gar nicht zu kommen, sondern der Vater packte seinen Jungen am Arm, zerrte ihn zur nächsten Straßenbahnhaltestelle und lieferte ihn persönlich wieder im Heim ab. Dabei machte er Herrn Katz dann zumeist lautstarke Vorwürfe, man könne dort offenbar nicht einmal auf eine Herde von Kindern aufpassen, und wofür man eigentlich dann bezahlt werde, und ob man vielleicht dächte, er hätte nichts anderes zu tun, als hinter seinem Bengel herzulaufen, der doch schließlich nicht für nichts und wieder nichts in der Fürsorgeerziehung sei, und wer ihm denn nun die Unkosten für die Straßenbahn ersetze, und noch einmal ließe er sich das nicht gefallen, sonst würde er sich beim Ministerium beschweren. Dann war Terrier wieder im Heim, wurde für drei Tage in einen Einzelraum verlegt, vorher zum Friseur geschickt, der ihm das Haar abschnitt, und kam wieder in die Gruppe zurück. Dann saß er tagelang abseits und ließ sich von niemandem ansprechen, heulte nur vor sich hin und verwünschte seine Eltern, zu denen er bei der nächsten Gelegenheit doch wieder lief, wenn er sich bedroht fühlte.

»Und diesmal kriegt er auch noch Keile«, versicherte Sven.

Jochen wiegte bedenklich den Kopf. »Das können wir doch nicht machen! Sieh mal, Sven, der arme Hund ist doch noch schlechter dran als wir. Meine Mutter hat mich selbst hergeschickt, ja, aber wenn ich hier weglaufen würde, weil ich's einfach nicht mehr aushielte – ich glaube nicht, daß sie mich wieder zur Polizei schleifen würde. Ich kann's mir einfach nicht vorstellen. Und dann – Terrier ist dumm. Dafür kann er nichts. Der kann sich doch gar nicht helfen, sonst würde er nicht immer wieder nach Hause laufen, obwohl er genau weiß, was ihm dort blüht. Den können wir doch nicht auch noch verprügeln, der ist schon verprügelt genug, Sven.«

Sven kam nicht mehr zu einer Antwort, weil Hammel zu den beiden Freunden trat. »Ich habe gehört«, sagte er, »daß Terrier diesmal einen ganz bestimmten Grund zum Ausreißen hatte. So etwas sickert eben doch durch. Boxer, warum hast du mir nicht gesagt, daß du wußtest, wer da unten die Toilettentür beschmiert hat?«

»Ich hab's ja auch gestern erst erfahren, und dann wollten wir das auch lieber unter uns ausmachen.«

»So.«

»Aber wenn Sie's nun schon wissen – sind meine Strafen jetzt erlassen?«

Herr Hamel hob erstaunt die Augenbrauen. »Erlassen? Wie kommst du darauf?«

»Aber Sie wissen doch jetzt, daß ich's gar nicht war!«

»Richtig. Aber ich weiß auch, daß du es unterlassen hast, mir Meldung zu machen. Ich verlange von meinen Zöglingen, daß sie auch ein wenig mitarbeiten. Du hast mich belogen . . . Nein, widersprich nicht. Du hast mir gar nichts gesagt, das ist richtig, aber auch ein Verschweigen kann ein Lügen sein, darüber sind wir uns wohl einig. Ich sehe also gar keinen Grund, etwas an den Strafen zu ändern. Außerdem hast du jetzt schon zehnmal einen Aufsatz abgegeben, der eine einzige Ungezogenheit ist. Du behauptest immer noch, deine Mutter sei schuld daran, daß du jetzt hier bist. Von Einsicht zeugt das nicht, das mußt du zugeben. Und da soll ich nachsichtig sein?«

Er drehte sich um und ging. Jochen blickte ihm nach. Sven, der ihn beobachtete, sah, daß die Backenknochen des Freundes deutlich hervortraten und daß er die Fäuste ballte, als wollte er hinter dem Erzieher herstürzen und auf ihn einschlagen.

»Mach keinen Quatsch«, sagte Sven. »Der kann mit uns ja doch machen, was er will.«

Terrier kam am selben Tag zerschlagen und verheult ins Heim zurück. Die Jungen sahen ihn nur flüchtig, dann wurde er in Absonderung geführt.

Aber nachdem Jochen mit ihnen gesprochen hatte, waren alle

einverstanden. Die Gruppenkeile sollte Terrier erlassen werden. Nur Pudel widersprach anfangs: »Habt ihr mich vielleicht im letzten Jahr nicht zusammengeschlagen? Und was ich gemacht habe, war nicht halb so gemein wie das, was Terrier angestellt hat. Meinetwegen ist damals kein anderer bestraft worden, und ich hab's Maul gehalten. Ich sehe das nicht ein.«

Jochen grinste. »Damals war ich ja auch noch nicht da, Pudel, sonst hätte ich dich auch verteidigt. Mensch, Pudel, wir müssen hier zusammenhalten und uns nicht gegenseitig fertigmachen. Wie kommen wir denn dazu: Hammel will uns kleinkriegen, das ist klar. Und das schafft er viel leichter, wenn wir ihm die Arbeit auch noch abnehmen.«

Ein paar nickten und murmelten zustimmend.

»Terrier war nicht anständig, das gebe ich zu. Aber geschädigt bin doch bloß ich. Und wir waren auch nicht immer anständig, und wenn wir dafür jedesmal Keile gekriegt hätten, dann wären wir alle heute noch grün und blau. Du vielleicht nicht, Pudel? Oder du, Sven? Wir haben doch alle genug ausgefressen und es vielleicht gar nicht so gemeint oder gewollt. Terrier geht das ebenso. Wir stecken ja dafür hier drin, alle. Und so ein Kerl wie Hammel hält uns deswegen für den letzten Dreck. Wenn wir uns gegen etwas wehren müssen, dann gegen Hammel. Seht ihr denn das nicht ein?«

Sie waren sich einig, und als Jochen ihnen einen ersten Plan entwickelte, waren sie einstimmig der Meinung, so etwas hätte man schon längst einmal unternehmen müssen, und sie wären jedenfalls dabei, darauf könne Jochen sich verlassen.

»Das wird der Boxer-Aufstand«, erklärte Sven grinsend, aber die anderen verstanden nicht so recht, was der Witz daran war.

7

Sie standen stumm hinter ihren Stühlen wie an jedem anderen Morgen, waren aufgestanden, als man sie geweckt hatte, waren gemeinsam in einer Reihe in den Waschraum gezogen, die Handtücher um den Hals gehängt, hatten sich unter wachsamen Augen

gewaschen, abgetrocknet, die Zähne geputzt, die Zahnbürsten ausgespült und die Bürsten in die farbigen Plastikbecher zurückgestellt, daß die Borsten alle in die gleiche Richtung wiesen; sie hatten ihre Betten hergerichtet, daß die Kopfkissen aussahen, als wären Bretter darin verarbeitet, hatten einen Blick in die Schränke geworfen, um sich zu vergewissern, daß alles die vorgeschriebene, gleichbleibende Ordnung hatte: die großen Wäschestücke unten, die kleinen oben, nach innen hin zu einer genau senkrechten Kante geschichtet, die Schuhe ganz unten, Spitzen nach vorn, am Vorabend geputzt, der Sonntagsanzug mit einer Cellophanhülle überzogen; sie hatten an den Fußenden ihrer Betten gestanden, als Herr Hamel seinen Stubendurchgang hielt; auf sein Kopfnicken hin hatten sie die Hände nebeneinander in Gürtelhöhe vor sich gehalten, damit der Erzieher die Fingernägel begutachten konnte; die eingeteilten Tischdienste hatten den Kaffee, das Brot, die Margarine und die Marmelade aus der Küche geholt, die Tische gedeckt; Herr Hamel hatte sich mit einem Rundblick bestätigt, was er ohnehin wußte, daß nämlich alles genauso geschehen war wie an jedem Tag. Der Kakteenwart hatte die Kakteen begossen, der Fischwart hatte Wasserflöhe in das Aquarium gestreut.
Nun standen sie stumm hinter ihren Stühlen, beide Hände auf den Stuhllehnen, und sahen ihren Erzieher an.
»Boxer betet!«
Schweigen.
Ein verwunderter Blick, dann noch einmal: »Boxer betet!« Es klang schon schärfer, ziemlich drohend.
Jochen schwieg, und die Gesichter der anderen spannten sich. Es sah aus, als zögen die Jungen die Köpfe tiefer zwischen die Schultern, wie man es bei einem plötzlichen Gewitterguß oder bei einem drohenden Schlag tut.
»Hast du mich nicht verstanden, Boxer? Du sollst das Tischgebet sprechen!« Die Stimme war jetzt scharf, sie war eine erprobte Waffe, die immer dann eingesetzt wurde, wenn es Widerstand zu brechen galt.
Einen Augenblick zögerte Jochen noch, doch er spürte, daß die anderen Jungen, die nicht wagten, den Kopf nach ihm zu drehen, ihn aus den Augenwinkeln beobachteten, daß sie gespannt waren, ob er gestern abend nur große Sprüche machen wollte, oder ob er wirklich wagte, das zu tun, was er angekündigt hatte. Tat er es, so hatte er es mit Hammel endgültig verdorben, daran gab es

keinen Zweifel. Tat er es nicht, dann galt er bei den anderen als großmäuliger Feigling, das war ebenso sicher. Und so schluckte Jochen noch einmal, und dann sagte er klar und deutlich: »Wau wau!«

Sekundenlang war alles still. Dann war ein Kichern zu hören, das der Schreck schnell wieder erstickte.

»Ich habe wohl nicht richtig gehört?« fragte Herr Hamel. »Was war das eben?«

»Wau wau wau!« wiederholte Jochen, und jetzt klang es feindselig, gereizt, angriffslustig, und es war ein Signal, das den anderen Mut einflößte. Sven fiel als erster ein mit einem wütenden Gekläff. Pudel bellte, Cocker winselte, Pinscher keifte, Dogge dröhnte, Windhund jaulte, und die anderen stimmten ein. Es war ein Höllenlärm, war das Toben eines Zwingers voller wütender Hunde. Und dabei standen die Jungen still hinter ihren Stühlen, die Hände auf den Lehnen. Ein paar Gesichter verzogen sich anfangs zu einem Grinsen, doch das verging, und die Gesichter verzerrten sich, wurden wütend und drohend. Die Jungen entblößten die Zähne, sie knurrten und bellten, die Köpfe ein wenig vorgestreckt, den Erzieher anstarrend, der die Lehne seines Stuhles umklammert hielt, blaß wurde, für einige Augenblicke die Fassung verlor, daß er nicht wußte, wie er sich verhalten sollte, sich dann zusammennahm und schrie: »Ruhe! Sofort aufhören! Wollt ihr endlich still sein! Aufhören, sage ich!«

Die Meute ließ sich nicht zum Schweigen bringen, auch wenn einige sich duckten wie Hunde unter der Peitsche. Sie kläfften dem Erzieher ihren Zorn entgegen, ihren Haß, ihre Verachtung, ihre Auflehnung gegen eine beständige Demütigung.

Hammel schrie über den Lärm hinweg: »Alles auf die Stuben! Aber schnell! Es gibt heute kein Frühstück!«

Das Gebell wurde schwächer, erstarb. Die Jungen sahen Jochen ratsuchend an. Er hatte alles angefangen, jetzt mußte er auch zeigen, wie es weitergehen sollte.

Und Jochen zeigte es. Er fühlte sich nicht die Spur unsicher. Die anderen hatten nicht gekniffen! Sie hatten mitgemacht! Was konnte Hammel dann schon ausrichten?

»Kein Frühstück?« fragte Jochen gedehnt. »Wer sagt denn das?« Dann setzte er sich und fing an, ein Brot zu bestreichen, und die anderen taten es ihm nach.

Herr Hamel packte die beiden Jungen, die ihm am nächsten

saßen, riß sie von den Stühlen, herrschte sie an: »Habt ihr nicht gehört? In die Stuben, habe ich gesagt.« Die beiden gehorchten. Herr Hamel ging zu den nächsten, doch da stand Jochen auf, sein Brot in der Hand. Er biß kräftig hinein und sagte mit vollem Munde: »Tun wir ihm doch den Gefallen. Wir können ja auch nebenan weiteressen.« Dann ging er hinaus, und die anderen folgten ihm.

Herr Hamel kam ihnen nicht nach, und als die Jungen sich in einem Schlafraum zusammendrängten, war ihre Hochstimmung verflogen.

»Mensch, Jojo, was soll denn jetzt werden?« fragte Pudel, und die anderen wußten es auch nicht.

»Was soll schon werden? Laßt ihn doch erst kommen, dann werden wir ja sehen.«

Sie saßen auf den Betten und warteten gespannt. Herr Hamel ließ auf sich warten. Erst fünf Minuten später trat er ein, und Herr Katz war bei ihm.

»Was soll das heißen?« fragte Herr Katz scharf.

»Das soll heißen, daß wir keine Hunde sind«, entgegnete Jochen und wunderte sich über seinen eigenen Mut. »Wir lassen uns das nicht mehr gefallen. Wir sind keine Boxer und Pudel und Terrier und Dackel und Pinscher und was weiß ich noch alles. Wir haben unsere richtigen Namen. Wenigstens die kann uns Herr Hamel doch lassen.«

Und während er noch sprach, ging er zu seinem Schrank, steckte zwei Finger hinter das Bild aus dem Hundekalender und fetzte es herunter, griff zum Nachbarbild, aber da war Sven schon neben ihm, und Sekunden später waren die Bilder von den Schranktüren verschwunden.

»An allem ist nur der Jäger schuld, Herr Katz«, versicherte Herr Hamel. »Am besten wird sein, wir sprechen zunächst nur mit ihm. Die anderen sind ja nur von ihm verführt worden. Boxer, komm mit auf mein Zimmer!«

»Solange Sie mich Boxer nennen, können Sie lange warten! Ich habe einen Namen.«

»Genug«, sagte Herr Katz, und es klang sehr ruhig und besonnen. »Wir sprechen heute nachmittag über die ganze Angelegenheit. Jetzt wird es höchste Zeit zur Schule. Herr Hamel, unternehmen Sie in dieser Sache bitte einstweilen gar nichts. Jäger, du kommst gleich nach dem Mittagessen in mein Büro, ja?«

»Jawohl, Herr Katz.«
Sie nahmen ihre Schulmappen aus den zweituntersten Schrankfächern, drückten sich, plötzlich wieder scheu geworden, an Herrn Katz und Herrn Hamel vorbei, die neben der Tür standen, und gingen zum Schulhaus hinüber.

Herr Hamel saß in seinem Zimmer und las noch einmal, was er für die nächste Beurteilung notiert hatte. »J. fügt sich nicht ein und ist aufsässig. Wiederholt von ihm angeforderte Aufsätze beweisen mangelnde Einsicht in die Notwendigkeit seiner Einweisung in die FEH. Übt negativen Einfluß auf die Gruppe aus. Die Schule berichtet über mangelnden Arbeitseifer. Enge Freundschaft mit Sven K. scheint in Anbetracht der Vorgeschichte in sittlicher Hinsicht bedenklich. Da J. intelligenter ist als die meisten anderen der Gruppe, fühlt er sich überlegen. Ein Junge berichtete mir, daß J. auch gelegentlich unkontrollierte Briefe aus dem Haus schmuggelt. (Auf diese Tätigkeit des Friseurs habe ich mehrfach hingewiesen.) Da J. sich erzieherischer Beeinflussung unzugänglich erweist und da er eine Gefahr für die innere und äußere Ordnung der Gruppe darstellt, wäre Verlegung in eine andere Gruppe zu erwägen. Den Eltern des J. ist jedenfalls anzuraten, daß sie die Freiwillige Erziehungshilfe in absehbarer Zeit nicht widerrufen.«
Ja, daran stimmte alles. Kein Wort brauchte mehr geändert zu werden. Herr Hamel war gewissenhaft genug, um zu prüfen, ob nicht augenblicklicher Zorn ihm die Feder geführt haben könnte. Nein, diese Beurteilung war gerecht, und es gab nichts daran zu deuteln. Jeder Satz ließ sich mit einer Fülle von Einzelheiten belegen. Jäger konnte sich nicht ungerecht behandelt vorkommen, und Gerechtigkeit war zweifellos die Eigenschaft, die ein Erzieher vor allen anderen brauchte.
Und doch war Herr Hamel nicht zufrieden. Dieser Aufstand am Frühstückstisch war nicht eine der Unbotmäßigkeiten, mit denen man sich in diesem Beruf abzufinden hatte, weil sie unvermeidlich waren, immer wieder einmal auftraten, aber bald wieder in sich zusammenfielen, weil im Grunde jeder wußte, daß Anpassung das Leben erleichterte und Chancen verbesserte. Aus diesem Gekläff der Jungen hatte nicht nur Aufsässigkeit gesprochen; es war voller Haß gewesen. Herr Hamel fragte sich betroffen, womit er diesen Haß verdient haben könnte. Aber mehr noch: Die-

ser Haß war nicht so ohnmächtig, wie er hätte sein müssen, wenn man die Umstände betrachtete. Er war die Vorstufe einer Rebellion, die sich nicht mehr um Gebote und Verbote kümmerte. Sie setzte gegen die kontrollierende Macht ihre eigene, und Herr Hamel wußte nicht, wie er sie kontrollieren sollte. Gegen seinen ausdrücklichen Befehl hatten die Jungen gefrühstückt. Sie hatten sich offen über ein Verbot hinweggesetzt, hatten einen Befehl mißachtet, als wäre er ihnen gar nicht erteilt worden, und der Erzieher hatte ratlos gemerkt, daß er dagegen keine Mittel wußte.

Er antwortete nicht, als an die Tür geklopft wurde, und als der Praktikant eintrat, der eigentlich seit gestern nicht mehr im Dienst war und wohl nur noch abholen wollte, was er zurückgelassen hatte, grüßte der Erzieher nur mit einem abwesenden Nicken.

Der junge Mann räumte ein paar Bücher und Hefte zusammen, und während er sie auf ihre Vollständigkeit prüfte, sagte er, ohne sich dabei umzuwenden, zur Wand hin: »Ich habe gehört, Sie hatten heute früh Schwierigkeiten?«

Herr Hamel versuchte ein wegwerfendes Lachen. »Schwierigkeiten? Ach, wissen Sie, wenn man erst so lange im Beruf ist wie ich, dann weiß man genau, daß solche Schwierigkeiten Bestandteil der Arbeit sind. Sie gehören dazu wie der Gehaltsscheck. Daran führt kein Weg vorbei. Man muß immer bedenken, was für Jungen wir hier haben.«

Jetzt drehte Herr Winkelmann sich doch um, und er sah, daß Herr Hamel durchaus nicht so gleichmütig war, wie seine Worte klingen sollten.

»Übrigens steckt natürlich wieder dieser Jäger dahinter. Vom ersten Tag an habe ich gewußt, daß er Unruhe stiften würde. Die Intelligenten sind immer gefährlich. Aber dem werde ich die Suppe versalzen! Den kriege ich noch klein, darauf kann er sich verlassen!«

Der junge Praktikant setzte sich dem alternden Erzieher gegenüber, und es sah aus, als hätten sie ihre Rollen vertauscht.

»Ich weiß nicht, Herr Hamel, ob ich etwas dazu sagen darf. Sie sind ein alter Praktiker, ich hab noch gar nicht richtig angefangen, und mit meiner Ausbildung dauert es noch eine Weile. Das können Sie mir selbstverständlich vorhalten, und ich nehme es Ihnen nicht übel. Aber ich meine, das mit dem Jochen Jäger, das sehen Sie falsch. Sie sollten den Vorfall von heute morgen nicht so tragisch nehmen.«

»Nicht tragisch? Können Sie mir vielleicht erklären, wenn Sie schon so klug sind, wie hier noch von Erziehung die Rede sein soll, wenn ich es einfach hinnehme, daß die Gruppe sich über jede Autorität hinwegsetzt?«

»Sie haben gerade gesagt, Herr Hamel, den Jochen Jäger kriegten Sie schon noch klein. Ich glaube, genau da steckt der Fehler. Diese Jungen sind doch nicht hier, damit wir sie kleinkriegen. Sie sollen groß werden. So ein Junge wächst, und wenn Sie ihn kleinkriegen wollen, können Sie das nur, indem Sie ihn ducken. Aber wie sollen diese Jungen sich im Leben behaupten, wenn Sie hier das Ducken lernen? Der Jäger hat sich eben heute früh nicht ducken wollen. Er hat aufbegehrt. Was ist daran so schlimm?«

Mit einer Handbewegung wischte Herr Hamel die Worte beiseite.

»Nicht ducken? Aufbegehren? Der Jäger wollte sich rächen, das ist alles. Den Grund kennen Sie. Ich habe ihm ein paar Hausstrafen aufgebrummt wegen der Sache mit der Toilettentür ...«

»... für die er nicht verantwortlich war.«

»Aber er hat mir verschwiegen, was er darüber wußte, und das ist auch ein Grund zur Strafe. Ein Dickkopf ist er, und diesen Dickkopf muß man eben brechen. Wozu führt er denn sonst? Doch nur dazu, daß diese Kerle meinen, alles hinge von ihnen ab und richte sich allein nach ihrem Willen; Gebote, Verbote, Bestimmungen, Gesetze seien Papierwände, die man mit gesenktem Dickschädel durchlaufen kann. Genaugenommen sind doch die meisten gerade deswegen hier!«

»Hm«, sagte Rotbart und leitete damit eine seiner Denkpausen ein. »Nehmen wir einmal an, Sie hätten recht. Dann frage ich mich, warum Jochen gerade diese Art der Auflehnung gewählt hat. Warum gerade dieses Gebell? Das war doch kein unüberlegter Streich! Es war ein Protest dagegen, daß dieser Jäger, den Sie Boxer nennen, sich wie ein Hund behandelt fühlt. Er meint, daß Sie ihn als einen Hund betrachten, also hat er sich wie ein Hund benommen und hat damit doch nur sagen wollen, daß er wie ein Mensch leben und behandelt werden will. Zugegeben: Die anderen haben sicher nur mitgemacht, was er ihnen gesagt hat. Aber im Grunde haben sie eben doch nur mitgemacht, weil sie dasselbe Gefühl hatten und froh waren, daß einer es aussprechen konnte. Sagen Sie selbst, Herr Hamel, wozu müssen denn diese Hundenamen sein? Warum Boxer und Dackel und Pudel und Terrier und Pinscher?«

»Darüber kann man sich doch nun wirklich nicht aufregen«, wehrte Herr Hamel ab. »Das sind harmlose Spitznamen, wie alle anderen auch. Gehen Sie zum Beispiel einmal in die Nachbarabteilung. Meinen Sie, da haben die Jungen keine Spitznamen? Django heißt der eine, Zorro ein anderer, Babyface ein dritter. Und dort kleben auch Bilder an den Spinden. Meistens sind es Schlagerstars, vor allem weibliche, oder irgendwelche Fotos aus harten Filmen. Und dann gibt's die Spitznamen, die ich gar nicht mag, weil ich sie wirklich verletzend finde. Einer heißt Geier, weil er eine krumme Nase hat. Ein kleiner Dicker heißt Knolle. Das sind doch Namen, die einfach körperliche Eigenheiten verspotten. Das halte ich für schlecht, und darum habe ich es hier bei mir eben anders eingeführt. Glauben Sie denn, ich machte mir gar keine Gedanken? Freilich, die meisten Praktikanten sind überzeugt, sie hätten alle Rezepte in der Tasche, nur – in der Praxis sieht alles ein bißchen anders aus, als es in den Lehrbüchern steht oder sich im Hörsaal anhört.«
»Das gebe ich zu. Aber Sie haben doch heute früh selbst gesehen, daß in dem, was Sie getan haben, ein Fehler stecken muß. Und einen Fehler muß man berichtigen, wenn man ihn erkannt hat.«
Herr Hamel blätterte in den Papieren auf seinem Tisch und hob den Blick nicht, als er sagte: »Ich möchte wirklich wissen, woran es liegt, Winkelmann! Ich habe Augen im Kopf. Ich habe gesehen, daß die Jungen im Umgang mit Ihnen ganz anders waren, als sie sich mir gegenüber geben. Gut, zum Teil mag es daran liegen, daß Sie nicht ständig hier sind und sich deshalb nicht im täglichen Umgang mit der Gruppe in ihren Augen abnutzen. Sicher spielt auch mit, daß Sie viel jünger sind als ich. In Ihnen sehen die Jungen vielleicht noch so etwas wie einen großen Bruder. Aber ich gebe mir doch ehrliche Mühe. Im Grunde mag ich diese Burschen sogar gern, wissen Sie, und manchmal ist einer dabei, der mich denken läßt: Das wäre ein Sohn für mich, und dann wäre er jetzt nicht hier. Ich habe mir immer einen Sohn gewünscht, Winkelmann, aber ich habe nie geheiratet. Man war schließlich nicht mehr ganz jung, als der Krieg vorbei war. Jung genug zum Heiraten, sicher, aber nicht gesichert genug, um eine Familie zu gründen. Und dann das kümmerliche Gehalt . . . Eine Zeitlang habe ich mir eingeredet, ich hätte dafür nun eben viele Söhne, alle die Jungen hier. Inzwischen waren es einige Hundert. Aber die wollen mich doch gar nicht als Vaterersatz, und darum

werden sie auch nie so etwas wie Ersatzsöhne. Nehmen Sie zum Beispiel Terrier. Den mag ich gern. Er ist nicht besonders klug, aber bei eigenen Söhnen hat man ja auch keine Garantie für helle Köpfe. Ich habe immer das Gefühl, in dem steckt ein ganz guter Kern. Da möchte ich wirklich Vaterstelle vertreten. Aber was tut der Bengel? Wenn ihn hier etwas aus dem Gleichgewicht bringt, kommt er nicht etwa zu mir. Ich würde ja gern versuchen, ihm zu helfen, so gut ich es eben könnte. Aber er kommt nicht. Er reißt aus und läuft zu seinem versoffenen Vater, der doch im Grunde schuld daran ist, daß der Junge hier ist. Er läuft zu diesem Trunkenbold, diesem Rohling, obwohl er genau wissen muß, was ihm blüht, denn er hat es ja oft genug erfahren. Haben Sie ihn gesehen, als er jetzt zurückgekommen ist? Grün und blau war er geschlagen. Aber Terrier kommt nicht zu mir, sondern er läuft zu diesem brutalen Rohling von einem Vater. Warum? Können Sie mir das erklären, wenn Sie schon soviel wissen?«
Herr Winkelmann schwieg ein Weilchen, als wollte er lieber nicht antworten, doch dann sagte er: »Mein Vater ist auch nicht viel anders als der von Klaus, den Sie Terrier nennen. Gar nicht so sehr anders. Ich habe eine Menge Prügel bezogen, das können Sie mir glauben, und oft genug wußte ich keinen Grund dafür. Und ich bin doch immer wieder zu meinem Vater gegangen, wenn etwas nicht gestimmt hat. Ich gehe auch heute noch zu ihm. Jetzt prügelt er mich freilich nicht mehr mit der Faust, aber mit Worten prügelt er mich manchmal. Warum gehe ich zu ihm? So genau habe ich noch nie darüber nachgedacht, aber Sie haben mich eben gefragt. Ich glaube, es liegt daran, daß ich das Gefühl habe, ich hätte etwas von meinem Vater zu fordern. Wir gehören doch zusammen, auch wenn er's nicht wahrhaben will. Und dann ... Vielleicht ist eine Erinnerung dabei; bei Klaus wie bei mir. Es hat doch nicht immer nur Schläge gegeben. Da war auch irgendwann einmal ein Anflug von Zärtlichkeit, da waren streichelnde Worte, die wohlgetan haben. Dann gibt man eben die Hoffnung nicht auf, man könnte sie eines Tages noch einmal hören.«
»Streichelnde Worte, Zärtlichkeit ... Schön gesagt! Und vielleicht ist sogar etwas Wahres daran. Aber ich habe eben sechzehn Jungen hier und nicht einen oder zwei. Ich gehe nicht zur Arbeit aus dem Haus und komme am Abend wieder, sondern ich habe sie den ganzen Tag um mich, von der Schulzeit abgesehen. Sie wachsen auch nicht eines Tages aus dem Flegelalter heraus

und werden dann möglicherweise vernünftiger, als man ihnen zugetraut hat, sondern sie gehen fort, werden entlassen, machen einen Platz für den nächsten frei. Das Flegelalter wird zum Dauerzustand. Zärtlichkeit, streichelnde Worte? Wissen Sie, Winkelmann, als ich noch neu war, da hatte ich manchmal Mitleid mit diesen Jungen, die zu uns kamen wie verlassene Welpen. Und ich hätte manchen gern einfach in die Arme genommen und ihn sich ausweinen lassen. Ich rate Ihnen, wenn Sie wirklich in diesen Dienst gehen sollten, lassen Sie es bleiben. Tun Sie's nicht! Sie setzen sich damit höchstens einem Verdacht aus, der sehr unangenehm werden könnte. In unserem Beruf muß man pausenlos Grenzen setzen; den Jungen und sich selbst. Das geht an die Nerven. Und ich bin immerhin dreiundfünfzig. Da läßt in diesem Beruf auch die Kraft nach. Immer wieder kommen neue Jungen, und mit jedem habe ich neue Probleme, die ich nur lösen kann, indem ich feste Ordnungen setze und wahre. So sieht es in Wirklichkeit aus. Da hilft keine Schönrederei. Da helfen auch keine streichelnden Worte, wie Sie sagen.«

Der Praktikant nickte. »Ich glaube, das kann ich verstehen. Und doch würde ich versuchen, es ein wenig anders zu sehen. Es kommen immer neue Jungen. Sie sagen, Sie hätten mit jedem neue Probleme. Ich würde lieber sagen: Jeder von ihnen hat seine Probleme. Das ist vielleicht der entscheidende Unterschied. Warum heißt es denn Fürsorge, was wir hier treiben? Wir versorgen die Jungen, ja. Sie haben zu essen, nicht einmal schlecht; sie werden gekleidet und können sich sehen lassen; sie werden unterrichtet, wenn auch bei weitem nicht in jedem Falle so, wie es eigentlich nötig wäre. Das alles ist Versorgung. Aber Fürsorge? Für sie sorgen? Da kommt einer, der hat seinen Vater immer für den Größten und Besten gehalten, und jetzt sitzt dieser Vater wegen Betrugs im Gefängnis.

Ein anderer ist mit seinen Entwicklungsproblemen nicht fertig geworden. Da haben wir einen, der hat Schmiere gestanden, während der Vater und der große Bruder ihre Einbrüche verübten. Da ist wieder ein anderer, der ist so lange gehänselt worden, weil er stottert und geistig nicht Schritt halten kann, bis er eines Tages entdeckt hat, daß er wenigstens mit den Fäusten den anderen überlegen war. Braucht denn nicht jeder von ihnen eine ganz andere Art von Fürsorge? Müßten wir dem einen nicht zeigen, daß es den größten aller Väter nicht gibt, daß wir alle Fehler

haben, größere oder kleinere, und daß Verstehen und Verzeihen eine übenswerte Kunst ist? Müßten wir dem anderen nicht über die Tücken der Pubertät hinweghelfen, damit er ein Mann wird? Müßte der dritte nicht bei uns lernen, daß er sich auflehnen muß, wenn er mißbraucht werden soll? Sollte der vierte nicht begreifen lernen, daß man mit seinen eigenen Unzulänglichkeiten fertig wird, und daß man seine Vorzüge sinnvoll nutzen kann? Aber was tun wir? Wir fassen zusammen, grenzen ein, treffen alle Entscheidungen bis zur kleinsten Einzelheit, machen unselbständig, schlagen alle über einen Leisten. Wir geben uns alle Mühe, bis wir eines Tages mehr oder weniger erreicht haben, daß die Jungen nicht mehr auffällig sind. Aber was ist ein Junge denn noch, der sich davor fürchtet, auffällig zu sein? So ist es doch, Herr Hamel. Das müssen wir ändern, sonst ist die Fürsorgeerziehung nur Lüge und Heuchelei, sonst hat sie niemals den Sinn, den wir ihr nach außen hin geben. Sie hilft keinem Jungen zum Wachsen und Erwachsenwerden, sondern sie schützt die Gesellschaft lediglich vor dem Verhalten derer, die wir aus dem Verkehr gezogen haben, und die wir erst dann zurückgeben, wenn sie keine freiwachsenden Wesen mehr sind, sondern höchstens noch Spalierobst. Das muß anders werden.«
Und dann setzte er hinzu: »Aber es sieht nicht so aus, als wären große Hoffnungen angebracht.«

Mittags sagte Herr Hamel: »Jochen, vergiß nicht, daß du gleich nach dem Essen zu Herrn Katz kommen sollst!«
Alle horchten auf.
Hammel hatte Jochen gesagt.

8

Wer zu Herrn Katz bestellt wurde, hatte dort in den meisten Fällen nichts Erfreuliches zu erwarten. Kater war Spezialist für die unangenehmen Dinge, war für die härteren Hausstrafen zuständig, spielte den Nothelfer, wenn ein Erzieher mit einem Jungen nichts mehr anzufangen wußte. Auch Verlegungen in eine andere Gruppe gab immer nur Herr Katz bekannt. Andererseits

wurde man allerdings auch dann zu ihm gerufen, wenn die bevorstehende Entlassung bekanntgegeben wurde.
Für Jochen war die Lage eindeutig. Als er nach dem Mittagessen zum Verwaltungshaus ging, erwartete er durchaus keine Freundlichkeiten. Mit einer Mischung aus Herzklopfen und Trotz trat er in das Vorzimmer.
Ein Praktikant füllte statistische Formulare aus, sah Jochen fast mitleidig an, deutete mit dem Daumen auf die Tür hinter seinem Rücken und sagte: »Hinein mit dir! Der Chef erwartet dich schon. Hals- und Beinbruch!«
Herr Katz erhob sich in angedeuteter Höflichkeit halb aus seinem Schreibtischsessel, streckte Jochen über den Tisch hinweg die Hand hin und bot ihm auch einen Stuhl an. Dann durchsuchte er einen Stapel von Briefen und Papieren, zog ein paar mit einer Briefklammer zusammengehaltene Blätter hervor, las langsam und sah endlich Jochen an, der sich eine lange Verteidigungsrede wegen des morgendlichen Boxeraufstandes zurechtgelegt hatte und nun völlig ungerüstet dasaß, als Herr Katz das Gespräch mit der Feststellung eröffnete: »Ich habe hier einen Brief von einem Rechtsanwalt Dr. Gernau. Den wichtigsten Teil lese ich dir vor, damit du Bescheid weißt. Dr. Gernau schreibt: ›In den letzten Wochen hat mein Sohn Axel mehrfach Briefe von einem Ihrer Fürsorgezöglinge, Jürgen-Joachim Jäger, empfangen. Ihr Zögling fordert meinen Sohn darin auf, ihm zum Verlassen Ihres Heimes zu verhelfen, das er in teils befremdlichen, teils diffamierenden Ausdrücken charakterisiert. In einigen Fällen kann man aus den Formulierungen, die Jäger verwendet, den Eindruck gewinnen, als erwarte er eine Fluchthilfe von meinem Sohn. Zur Rede gestellt und zur Wahrheit ermahnt, sagte mir mein Sohn, er habe diesen Jäger zwar flüchtig kennengelernt, wisse jedoch keine Erklärung dafür, warum der Zögling ausgerechnet an ihn schreibe und eine Hilfe der angedeuteten Art offensichtlich für möglich halte. Mein Sohn sagte mir, er habe keinen dieser Briefe beantwortet und gedenke auch nicht, es künftig zu tun. Auf Wunsch hat er mir alle bisher empfangenen Briefe ausgehändigt. Ich füge sie zu Ihrer Information bei und hoffe, daß ich Ihnen damit einen Dienst erweise. Ich wäre Ihnen sehr verbunden, wenn Sie Ihrem Zögling jeden weiteren Versuch eines Briefwechsels mit meinem Sohn streng untersagen wollten. Sie werden verstehen, daß derartige persönliche oder briefliche Kontakte meines Sohnes mir

nicht gleichgültig sein können, und ich bin sicher, daß Sie im Rahmen des Ihnen Möglichen für eine Unterbindung Sorge tragen werden. Mit freundlicher Empfehlung . . .‹«

Herr Katz sah ein paar Sekunden über den Briefbogen hinweg, ehe er ihn aus der Hand legte, und stellte fest, daß sein Gegenüber betroffen und verstört wirkte.

»Ich habe auch Deine Briefe an diesen Axel gelesen und muß sagen: Der Eindruck, den Dr. Gernau hatte, findet sich durchaus bestätigt. Dabei interessiert mich nicht sonderlich, mit welchen Ausdrücken du unser Heim belegst: Hundezwinger, Zuchthaus sind noch milde. Aber ich kann mir nicht denken, daß du diesen Axel wirklich nur ganz flüchtig kennst. Einem flüchtigen Bekannten schreibt man doch nicht solche Briefe, nicht wahr? Dahinter steckt mehr, da bin ich ganz sicher, zumal Herr Hamel mir sagte, daß du in den Pflichtbriefen an deine Mutter stets behauptest, es gefiele dir hier sehr gut und du möchtest bleiben. Willst du mir nicht einmal erzählen, woher du diesen Axel Gernau kennst und wie du mit ihm standest, als du noch nicht bei uns warst?«

»Nein.«

»Versteh mich bitte nicht falsch, Jäger. Es geht mir nicht um diesen Axel, und schon gar nicht geht es gegen ihn. Ich will dir doch gern helfen, aber das kann ich nur, wenn ich dich wirklich kenne und weiß, was in deinem Kopf vorgeht. Du hilfst dir nur selbst, wenn du ganz offen zu mir bist. Kannst du das nicht einsehen?«

Jochen schüttelte schweigend den Kopf, und ein Blick in das verschlossene Gesicht belehrte Herrn Katz, daß es kaum einen Sinn haben konnte, wenn er länger drängte.

»Gut, wie du willst.« Er legte den Brief endgültig aus der Hand und zog dafür ein Aktenstück heraus, auf dem in säuberlicher schwarzer Rundschrift der Name Jürgen-Joachim Jäger stand.

»Was bisher in deiner Akte steht, sieht ja auch wahrhaftig nicht danach aus, als könnte man vernünftig mit dir reden. Aufsässig steht hier, mangelnde Einsicht, erzieherischer Beeinflussung unzugänglich, Gefahr für die äußere und innere Ordnung der Gruppe. Das hört sich alles nicht sehr gut an, meine ich. Und was sagst du dazu?«

Er stand auf, ging um den Schreibtisch herum und setzte sich auf den zweiten Stuhl am kleinen runden Tisch, so daß er Jochen jetzt näher war. »Mir scheint«, sagte er, »du hast deine Lage noch

immer nicht richtig begriffen. Dieser Eindruck verstärkt sich noch, wenn man die Aufsätze liest, die du im Auftrage von Herrn Hamel geschrieben hast, und die wirklich in keiner Zeile auch nur eine Spur von Einsicht erkennen lassen. Du bist auf dem Wege der Freiwilligen Erziehungshilfe zu uns gekommen, das heißt, deine Mutter hat die Einweisung beantragt. Sie kann deinen hiesigen Aufenthalt folglich auch jederzeit wieder beenden, sobald sie es verlangt. Wenn sie aber eine vernünftige Frau ist, und das bezweifle ich nicht, wird sie das selbstverständlich nicht tun, ohne vorher unsere Meinung zu erfragen. Nach den wenigen Stichworten, die ich dir eben aus deiner Akte vorgelesen habe, kannst du dir wohl selbst ausmalen, wie unsere Meinung ausfallen würde, wenn deine Mutter uns jetzt fragte. Oder meinst du vielleicht, ich könnte deiner Mutter noch ruhigen Gewissens empfehlen, dich überhaupt wieder nach Hause zu nehmen?«
Er schwieg, als erwartete er eine Antwort, und da sie ausblieb, fuhr er fort: »Siehst du, so und nicht anders ist die Lage. Es liegt nicht in meiner Hand, etwas daran zu ändern. Alles hängt ganz allein von dir ab. Wenn du dich bemühst, dafür zu sorgen, daß es in deiner Beurteilung bald erfreulicher aussieht, könnte dein Aufenthalt bei uns sich sehr verkürzen. Im anderen Falle kann er viel länger werden, als du bis jetzt zu glauben scheinst. Das möchtest du sicher nicht. Ich kann dir also nur raten: Passe dich an, füge dich ein. Gib dir Mühe, daß du zu einem besseren Verhältnis mit deinem Gruppenerzieher kommst.« Er ging wieder hinter den Schreibtisch. »Die Veranstaltung von heute früh wird dir auf diesem Wege nicht gerade weitergeholfen haben, nehme ich an. Ich will gar nicht untersuchen, wie du auf diesen dummen, kindischen Gedanken gekommen bist. Ich werte solche Dinge auch gar nicht so hoch. Aber ob das nun gerade deiner Beurteilung und damit deiner Entlassung förderlich war ... Das wäre alles. Du kannst gehen.«
Jochen stand auf, deutete kopfnickend eine Verbeugung an und ging zur Tür.
»Übrigens, Jochen«, sagte Herr Katz, und als Jochen sich umwandte, sah er das erste Lächeln während dieses einseitigen Gesprächs, »ich wollte dir nur noch sagen, daß Herr Hamel Hunde sehr gern mag. Man könnte sagen, er ist ein richtiger Hundenarr, aber hier bei uns darf er sich leider keinen Hund halten. Es ist gegen die Hausordnung. Ich kann mir vorstellen, daß Boxer und

Dackel und Terrier für ihn eher Kosenamen als Beschimpfungen sind. Trotzdem habe ich ihn gebeten, davon künftig Abstand zu nehmen. Es ist gut, du kannst gehen.«

»Lieber Axel,
ich mußte eben zum Heimleiter, und der hat mir vorgelesen, was Dein Vater ihm geschrieben hat. Du brauchst keine Angst zu haben: Ich schreibe Dir von heute an nicht mehr. Und du brauchst auch sonst keine Angst zu haben. Gar keine. Wir sind nur flüchtige Bekannte, wie Du es zu Deinem Vater gesagt hast. Und aus flüchtigen Bekannten mache ich mir sowieso nichts. Die verpfeife ich nicht einmal. J«

Am selben Nachmittag entbrannte auf dem Hof eine wilde Prügelei, wie es in unregelmäßigen Abständen vorkam, ohne daß die Gründe sich jemals eindeutig klären ließen. Irgendein Wortwechsel führte zu Handgreiflichkeiten, Hilfstruppen kamen den Beteiligten zur Unterstützung hinzu, und bald verkrampfte sich eine ganze Schar von Jungen zu einem schlagenden, johlenden, beißenden, stoßenden, kratzenden Knäuel, in das nach einiger Zeit Erzieher hineinwateten, kräftig zupackten und die Kämpfenden auseinanderrissen, die sich den Staub von Hosen und Hemden klopften, einander wütende Blicke zuwarfen und bald darauf wieder friedlich irgendeiner Beschäftigung nachgingen.
Diesmal war es recht eindeutig, daß Jochen am Anfang dieser Schlacht gestanden hatte. Ohne ersichtlichen Anlaß hatte er sich auf einen Jungen aus einer anderen Gruppe gestürzt, ihn zu Boden geworfen und mit beiden Fäusten auf ihn eingeschlagen, und alles Weitere hatte sich so vollzogen, wie es sich in solchen Fällen stets abspielte.
Während die keuchenden Kämpfer sich wieder trennten, betrachtete Jochen sein Knie, über das sich eine tiefe, heftig blutende Schramme hinzog.
»Geh lieber gleich zur Schwester«, sagte Sven. »Manchmal kriegt man da Dreck rein, und dann fängt's erst mal an zu eitern.«
Die Krankenschwester war nett und füllig, schon seit fünfzehn Jahren im Heim und äußerst beliebt. Ihr gefiel der Dienst, und wenn sie von Bekannten danach gefragt wurde, warum sie zu einer Zeit, da tüchtige Schwestern doch überall gesucht waren, es so lange gerade bei diesen Jungen aushielte, mit denen doch ge-

wiß kein leichtes Arbeiten sei, so verstand sie solche Fragen gar nicht.
»Warum sollen eigentlich unsere Jungen besonders schwierig sein?« fragte sie zurück. »Das ist alles nur Gerede. In den fünfzehn Jahren habe ich noch kaum Ärger gehabt. Nur einmal, da wollte einer von den Burschen mir eine Flasche Alkohol aus dem Arzneischrank stehlen, aber den habe ich erwischt, und dann war er sehr kleinlaut. Aber sonst? Zu mir kommen diese Jungen, wenn sie irgendein Wehwehchen haben. Und dann sind sie gar keine wilden, rauhen, verwegenen Kerle, sondern ganz harmlose, ein bißchen wehleidige Kinder, die das Gesicht verziehen und übertrieben die Zähne zusammenbeißen, wenn ich ihnen ein Pflaster abreißen muß, die genau wissen, welche Halswehpillen am besten schmecken, und die, wenn in der Schule oder im Heim etwas Unangenehmes bevorsteht, richtig strahlen können, wenn ich sie für ein oder zwei Tage ins Bett stecke.«
Jochens Knie betrachtete sie mit gleichmütigem Interesse, reinigte die Schramme und lächelte Jochen tröstend zu, als der vom Brennen im Knie die Nase in Falten zog, schwankte einen Augenblick zwischen Pflaster und Binde, entschied sich dann für einen Verband, der das Knie ein wenig unbeweglich machte und als Ausweis gelten konnte, daß sein Träger bei der großen Prügelei keineswegs gekniffen hatte.
Während sie dann den Vorfall in ihr Tagebuch eintrug, sah sie Jochen prüfend an und sagte: »Du scheinst kerngesund zu sein. Du bist einer von den wenigen, die noch nie bei mir waren.«
»Mir fehlt nie was«, versicherte Jochen.
»Beinahe schade«, erwiderte die Schwester lächelnd. »Ich freue mich immer über netten Besuch.« Dabei fuhr sie einmal mit gespreizten Fingern von hinten durch die schwarzen Locken, die schon wieder eine so stattliche Länge erreicht hatten, daß Jochen sie morgens mit viel Wasser an den Kopf klebte, um Hamel nicht unnötig aufmerksam zu machen. Es war immer besser, den Befehl zu einem Friseurbesuch soweit wie möglich hinauszuzögern.

Als Jochen vom Krankenzimmer zurückkam, hielt Herr Hamel gerade nach ihm Ausschau, erwähnte den Vorfall auf dem Hof mit keinem Wort und sagte nur mit unbewegtem Gesicht: »Abbürsten, kämmen, Hände waschen. Du sollst sofort zu Herrn Katz kommen.«

Zu Herrn Katz? Es war Jochen nicht angenehm, daß er so schnell abermals zum Heimleiter gerufen wurde. Zwischenfälle wie eine Prügelei mit anderen auf dem Hof reichten sonst nicht aus, um ins Verwaltungshaus gerufen zu werden. Solche Dinge erledigten die Erzieher selbst mit irgendeiner leichten Strafe. Nur wenn jemand zu den ganz hoffnungslosen Fällen zählte, bei denen der geringste Anstoß zu schärferen Maßnahmen führen mußte, wurde Herr Katz eingeschaltet. Stand es um ihn denn wirklich so schlimm? Selbst wenn Jochen sich um die größte Ehrlichkeit bemühte, konnte er nicht finden, daß sein Betragen so schlecht gewesen wäre.

Der Praktikant saß über Statistiken, hob den Kopf, lächelte diesmal und sagte: »Rein mit dir! Der Chef wartet schon!«

Herr Katz stand auf, als Jochen eintrat, und sagte: »Da haben wir ja Ihren Jungen, Frau Jäger. Was hast du denn mit deinem Knie angestellt?«

»Ach, nur 'ne Schramme«, entgegnete Jochen wegwerfend, und erst dann wurde ihm klar, daß dort seine Mutter saß, ihm das Gesicht zuwandte und so aussah, als wüßte sie nicht recht, ob ihr Lächeln angemessen und gestattet wäre.

»Mutti!« Im ersten Augenblick strahlte sein Gesicht hell, dann zog er schnell einen Vorhang vor seine Freude, und die erste Bewegung zur Mutter hin wurde gebremst. Er blieb unbewegt stehen.

»Jochen macht sich eigentlich recht gut«, sagte Herr Katz, und Jochen traute seinen Ohren nicht. »Ein paar kleine Anfangsschwierigkeiten gibt es immer, daran sind wir gewöhnt, aber ich habe insgesamt einen recht guten Eindruck von Ihrem Jungen. Ich glaube, den kriegen wir wieder hin, wenn ich so sagen darf. Ein paar Monate noch, ein halbes Jahr vielleicht, dann können wir unter Umständen schon überlegen, ob wir nicht seine Rückkehr nach Hause befürworten sollten.«

Ein halbes Jahr vielleicht! Jochen erschrak. Und Kater tat, als wäre das gar keine Zeit!

»Und jetzt werde ich Sie am besten mit Ihrem Sohn allein lassen, Frau Jäger. Vielleicht darf ich Sie bitten, nebenan im Besuchszimmer Platz zu nehmen? Selbstverständlich kann Jochen Ihnen auch gern das Heim zeigen, wenn Sie es wünschen. Ich werde dafür sorgen, daß Sie nachher noch Gelegenheit haben, sich mit Herrn Hamel, seinem Erzieher, zu unterhalten. Herr Hamel ist

eine sehr erfahrene Kraft und kann Ihnen aus seiner täglichen Beobachtung mehr über Jochen sagen als ich.«
Herr Katz stand auf, öffnete die Tür zu einem Nebenzimmer, winkte Jochen, er solle seiner Mutter folgen, und schloß die Tür hinter der Frau und ihrem Jungen.
Beide standen sich gegenüber, waren unbeholfen und wußten nicht, wie sie ein Gespräch beginnen sollten. Endlich setzte sich die Mutter, stellte ihre Einkaufstasche auf den Tisch und ging daran, sie auszupacken.
»Ich hab dir auch etwas mitgebracht, Jochen.«
Jochen betrachtete interessiert die guten Dinge, die sich auf dem Tisch häuften, doch er hütete sich, seinem Gesicht den Anschein von Freude und Freundlichkeit zu gestatten. »Ja, danke. Aber eigentlich haben wir hier alles, was wir brauchen.«
Die Mutter setzte sich und deutete auf den zweiten Sessel. »Das freut mich, daß es dir an nichts fehlt.«
Wie kann man nur so dumm daherreden, dachte Jochen. Alles fehlt mir.
»Es gefällt dir also hier?«
»Ja, sehr gut. Wirklich nette Kerle sind in unserer Gruppe. Sven zum Beispiel, das ist mein Freund. Und Hammel, Herr Hamel meine ich, der ist richtig wie ein Vater, weißt du. Und die Krankenschwester mag mich und ich sie auch.«
Die Mutter sah den Jungen an und wußte, daß er log. Sein Gesicht widersprach seinen Worten.
»Dann hast du gar kein Heimweh gehabt?«
»Heimweh?« Jochen verzog die Mundwinkel. »Wieso denn? Hier ist es doch viel schöner als zu Hause. Immer in einem großen Verein, weißt du, das ist so, als hätte man einen ganzen Stall voller Brüder. Zu Hause war ja doch niemand.«
Sein Blick verriet, daß er jedes Wort nur sagte, um ihr weh zu tun, und sie deutete diesen Blick richtig, war aber entschlossen, nicht auf diese Augen, sondern auf die Worte zu hören, weil sie erleichterten, was sie ihrem Sohn zu sagen hatte.
»Und deine Erzieher sind mit dir zufrieden?«
»Du hast doch gehört, was Kater eben gesagt hat. Sehr zufrieden sind sie mit mir. Hier meckert keiner an mir rum. Und in der Schule bin ich der Beste.«
»Siehst du«, sagte die Mutter, »dann war es doch richtig, daß ich dich hierher gegeben habe. Du warst auf der schiefen Bahn, Jo-

chen, und das mußte doch anders werden. Was wäre sonst aus dir geworden? Hier fängst du dich wieder, und dann wird etwas aus dir. Ich möchte doch schließlich stolz auf dich sein können, Jochen. Du bist ja mein Einziger. Ich weiß, du hast das nicht gleich verstanden. Das war ja auch nicht zu erwarten. Aber eines Tages siehst du bestimmt ein, daß ich recht hatte, und dann wirst du mir sogar dankbar sein, da bin ich ganz sicher.«
»Sehr dankbar«, versicherte Jochen kopfnickend.
Die Mutter wurde unsicherer. »Eigentlich ist heute kein Besuchstag, aber ich konnte doch so schlecht frei nehmen, und Herr Katz hatte nichts dagegen, daß ich heute kam. Ich habe nämlich etwas mit dir zu besprechen, Jochen.«
»Ja?«
»Sieh mal, Jochen, du kennst doch Albert ... Herrn Möller, meine ich. Er ist ein netter und tüchtiger Mann, und er hat ein gutes Geschäft, in dem ich mich auch auskenne. Und ich bin jetzt schon so lange allein. Da haben wir gedacht ... Also, wir sind uns einig geworden, daß wir heiraten wollen.«
Jochen verzog keine Miene und sagte: »Herzlichen Glückwunsch.«
Die Mutter sprach hastiger. »Ich weiß, du magst Herrn Möller nicht so sehr. Aber das liegt nur daran, daß du ihn noch gar nicht richtig kennst. Er ist wirklich ein prächtiger Mensch, Jochen, und ganz anders als dein Vater. Mit der Zeit werdet ihr euch besser kennenlernen, und dann werdet ihr euch auch gut verstehen, da bin ich ganz sicher. Du darfst auch nicht denken, daß Herr Möller etwas gegen dich hat. Wirklich nicht. Er macht sich Gedanken um deine Zukunft, Jochen. Eigentlich mag er dich sogar gern. Das hat er mir selbst gesagt. Aber es braucht eben alles seine Zeit, und wenn er erst dein Stiefvater ist ...«
»Wann wollt ihr denn heiraten?«
»Schon in zwei Wochen.«
»So schnell?«
»Wenn wir uns doch nun einmal entschlossen haben ... Heute in zwei Wochen ist Polterabend, und dann am Samstag die Hochzeit. Es wird ziemlich groß gefeiert, weißt du. Bei einem Geschäftsmann ist das so. Und ich soll dich grüßen von Herrn Möller, und er freut sich, daß du auch kommst. Mit Herrn Katz habe ich schon gesprochen. Heute in vierzehn Tagen darfst du nach Hause kommen und mitfeiern.«

»Und bleiben?« Für einen Augenblick hatte Jochen sich nicht in der Gewalt. Stimme und Augen verrieten eine jähe Hoffnung.
Die Mutter sah ihn nicht an. »Nein, bleiben noch nicht. Das wäre noch zu früh, Jochen. Du hast doch gehört, was Herr Katz eben sagte. Ein paar Monate noch, ein halbes Jahr vielleicht, dann kann man darüber nachdenken. Und dann ...« Sie zögerte, als müßte sie erst Mut fassen, und sprach dann entschlossener und um eine Spur härter weiter: »Herr Möller meint, es wäre wohl besser für dich, wenn wir dich noch nicht gleich wieder nach Hause nähmen. Eigentlich hätte er dich gern als Lehrling in seinem Betrieb eingestellt. Wenn wir doch nun heiraten ... Und Herr Möller hat ja keine Kinder, und es muß einmal ein Erbe für das Geschäft da sein ... Aber er meint, das ginge nicht gut. In der Umgebung wissen zu viele Leute, was mit dir los war. Er kann es sich nicht leisten, dich in seinem Geschäft zu haben. Die Leute könnten reden, weißt du. Und darum meint er, wenn wir dich hier herausnehmen, dann verschafft er dir gleich eine Lehrstelle bei einem Bekannten, bei dem du gut aufgehoben bist. Es ist hier in der Stadt, und du könntest bei dem Bekannten auch wohnen oder auch in einem Lehrlingsheim, ganz, wie du möchtest. Und über das Wochenende könntest du nach Hause kommen, und wenn du erst ausgelernt hast, dann ist doch längst Gras über die ganze Geschichte gewachsen, und dann kannst du zu Hause anfangen. Erst war ich ja dagegen. Sieh mal, Albert, habe ich gesagt, wenn wir ihn jetzt wieder nach Hause nehmen, hat er doch auch seine Ordnung. Wir können uns ganz anders um ihn kümmern, als ich es allein konnte. Und im Grunde ist der Jochen wirklich nicht schlecht, habe ich gesagt. Er hat einen guten Kern, das weiß ich. Aber er sieht das anders. Er muß auch an das Geschäft denken, das ist nun einmal so. Und als er mir dann alles ganz ruhig erklärt hat, da habe ich das auch eingesehen, Jochen, und ich bin völlig seiner Meinung. Du kannst das vielleicht nicht so schnell einsehen, aber eines Tages merkst du bestimmt, daß wir beide nur dein Bestes wollen. Schließlich bin ich deine Mutter, und Herr Möller mag dich auch gern.«
»Ja, ja, es wird schon alles so richtig sein«, sagte Jochen und spielte mit einem Kekspäckchen, das er vom Tisch genommen hatte.
»Es freut mich, daß du so vernünftig bist. Und wenn du irgend etwas brauchst, Jochen, dann mußt du uns nur schreiben. Das

soll ich dir auch von Herrn Möller sagen. Er hat auch gleich gemeint, ich soll dir zur Hochzeit einen neuen Anzug kaufen, damit du schmuck bist, wenn die vielen Gäste kommen. Ich habe es schon mit Herrn Katz besprochen. Das wird von hier aus erledigt. Du wirst ganz neu eingekleidet, und Herr Katz schickt uns dann die Rechnungen.«
»Ja, fein.«
Anscheinend war nichts mehr zu sagen. Die Mutter schaute auf ihre Armbanduhr.
»Soll ich dir noch das Heim zeigen?« fragte Jochen und erschrak bei dem Gedanken, daß die Mutter sich schon verabschieden wollte. »Das tut mir leid, Jochen, aber heute nicht. Ich habe wirklich nicht viel Zeit, muß noch ein paar Kleinigkeiten einkaufen und dann bald wieder nach Hause. Ein andermal sehen wir uns alles an. Zum nächsten Besuchstag wird dann ja wohl auch dein Stiefvater mitkommen, und dann bringen wir genug Zeit mit, ja?«
»Ist auch gut«, stimmte Jochen zu.
Die Mutter räumte ihre Einkaufstasche ein, hatte vorsorglich eine große Plastiktüte mitgebracht, in die Jochen alle Mitbringsel verstauen sollte, und schon war alles getan, was noch getan werden konnte, um den Abschied hinauszuzögern.
»Ja, nun muß ich wohl wieder«, sagte die Mutter. »Bringst du mich noch bis zum Tor?«
Nebeneinander gingen sie den langen Weg vom Verwaltungsgebäude am Spiel- und Sportplatz vorbei, zwischen den Gruppenhäusern hindurch. Sie sagten nichts mehr, und Jochen wunderte sich nur einen Augenblick, daß die Mutter nicht noch einmal nach Herrn Katz verlangt, daß sie nicht um eine Unterredung mit Hammel gebeten hatte. Es war ihr wohl nicht so wichtig, auch die Meinung seines Erziehers zu erfahren, und das war vielleicht nur gut so.
Andere Jungen blieben stehen und sahen Jochen und seine Mutter an, betrachteten abschätzend und begehrlich die Einkaufstüte, die Jochen trug, dachten an den letzten Besuch ihrer eigenen Eltern oder auch daran, daß sie niemals besucht wurden.
»Hallo, Jochen!« rief Sven und ließ den Fußball, der ihm von seinen Mitspielern zugedacht war, achtlos weiterrollen.
»Das ist mein Freund Sven«, sagte Jochen. »Das ist meine Mutter. Sven, bringst du die Tüte schon mal auf's Zimmer?«

Sven nahm ihm die Mitbringsel ab und ging davon.
»Dein Freund macht einen netten Eindruck«, sagte die Mutter.
»Der ist auch nett«, versicherte Jochen. »Ein paar Vergewaltigungen, na ja, aber sonst ... Er ist wirklich einer von den Nettesten.«
Dann hatten sie das Tor erreicht, die Mutter blieb stehen, war unschlüssig, ob noch etwas gesagt werden mußte, doch ihr fiel nichts ein, und sie streckte ihrem Sohn die Hand hin und sagte: »Auf Wiedersehen, mein Junge. Und halt dich gut!«
Jochen griff nach ihrer Hand, und es sah fast aus, als wollte er sich verbeugen wie ein kleines Kind. Doch dann drängte er plötzlich näher zu seiner Mutter, umklammerte sie, drückte seinen Kopf gegen ihren Mantel und sagte: »Mutti, nimm mich doch mit! Hol mich hier raus! Ich halte das nicht mehr lange aus, Mutti! Bitte!« Er dachte nicht daran, daß andere ihn sehen konnten, womöglich gar Jungen aus seiner eigenen Gruppe, er fand keine Zeit, daran zu denken, daß er sich eigentlich schämen mußte, weil er sich hier so unmännlich benahm. Er wiederholte nur: »Nimm mich mit! Hol mich hier raus!« Und er brachte die Worte nur noch sehr mühsam hervor, weil er schluchzen mußte, weil das Weinen sich nicht mehr zurückhalten ließ, und weil er aus der Art, wie die Mutter nach einer ersten mitleidigen Geste sich versteifte, merkte, daß es sinnlos war, sie zu bitten.
Sie strich ihm über den Kopf, drückte ihn für einen Augenblick noch fester an sich und antwortete: »Du weißt doch, das geht nicht, Jochen. Du mußt nur noch ein Weilchen durchhalten. Vielleicht gar nicht mehr lange. Und du hast doch selbst gesagt, daß es hier sehr schön ist, viel schöner als zu Hause!«
»Nimm mich mit«, wiederholte er, doch es klang schon ohne Hoffnung, und er nahm ihr übel, daß sie so tat, als hätte sie ihm seine Lügen wirklich geglaubt.
»Kopf hoch, Jochen! Ich komme ja bald wieder. Schon am nächsten Besuchstag. Und vorher kommst du zum Polterabend und zur Hochzeit, das wird bestimmt sehr schön, meinst du nicht auch?«
»Ja«, bestätigte er, richtete sich auf und wirkte sehr kühl. »Ja, es wird bestimmt sehr schön.«
»Na, siehst du! Soll ich auch Herrn Möller von dir grüßen?«
»Das kannst du halten, wie du willst.«
Die Mutter ging, drehte sich noch einmal um und winkte, und

auch Jochen hob die Hand, aber es sah eher aus, als griffe er nach der Mutter, die zur Haltestelle der Straßenbahn hinüberging, als wollte er sie festhalten, bekäme sie aber nicht zu fassen.
Dann stand er am Zaun, sah die Straßenbahn kommen, die Mutter einsteigen. Die Straßenbahn fuhr ab. Jochen sah ihr nach, und die Bewegung, mit der er sich über die Augen wischte, war etwas verärgert.
Er blieb noch ein paar Minuten stehen und sah auf die Straße hinaus. Die Straßenbahn war längst fort.
Eine Mutter kam vorbei, ihren kleinen Jungen, der fünf oder sechs Jahre alt sein mochte, an der Hand, doch Jochen hörte, wie die Mutter dem Kleinen erklärte: »Hier kommen die Jungen hin, die nicht artig sind, weißt du.« Der Kleine antwortete fast beschwörend: »Aber ich bin doch artig, nicht wahr?« Und Jochen konnte nicht mehr hören, ob die Mutter es ihm bestätigte oder ob sie Bedenken anmeldete.
»Blöde Ziege!« sagte er hinter der Frau her, und dann sagte er laut, als müsse er es allen mitteilen, die sonst etwa noch vorübergingen: »Und ich gehe jetzt und spiele Fußball mit den anderen unartigen Jungs. Und nachher können sie meinetwegen alles aufessen, was der tüchtige Herr Möller mitgeschickt hat. Von dem nehme ich nämlich nichts. Kein Stück! Stiefvater . . . daß ich nicht lache!«
Aber es klang nicht so, als wäre mit einem Lachen zu rechnen.
Am Abend schrieb Jochen den Aufsatz, den Hammel ja ohnehin morgen wieder von ihm verlangen würde. »Warum ich hier bin«, schrieb er säuberlich darüber. Was dann folgte, verlangte kein Nachdenken mehr. Der Wortlaut änderte sich nie, war von Woche zu Woche gleich. Und Herr Hamel las die Aufsätze auch nicht mehr, heftete sie nur zu den anderen, sammelte Woche für Woche einen neuen Beweis für die mangelnde Einsicht des Jungen, jene mangelnde Einsicht, die den erfahrenen Erzieher zu starken Zweifeln zwang, ob es jemals möglich sein würde, einen vernünftigen Menschen aus diesem Jürgen-Joachim Jäger zu machen.

9

Der Heimleiter selbst ging mit Jochen zum großen Einkauf. Das ließ er sich schon deswegen nicht entgehen, weil es allzu selten eine Gelegenheit gab, einen der Jungen einzukleiden, ohne daß dauernd an die zu geringen Mittel gedacht werden mußte, die für solche Dinge zur Verfügung standen. Frau Jäger hatte gesagt, es solle an nichts gespart werden. Es machte ihm Freude, wenn er zusehen konnte, mit welchem Eifer Jochen sich in die Reihen der Anzüge stürzte, immer wieder neu in der Ankleidekabine verschwand, anprobierte, sich vor dem Spiegel drehte, die Nase rümpfte oder anerkennend nickte. Herr Katz ließ ihn gewähren, warf höchstens dann und wann ein Wort ein, wenn er meinte, daß Jochen etwas anzog, was allzu farbenfroh war, prüfte Stoffe, prüfte Preise, diskutierte über die Frage, welches Hemd und welche Krawatte wohl am besten zu dem Anzug paßten, für den Jochen sich endlich entschieden hatte, erinnerte daran, daß auch die Strümpfe passen mußten, dachte daran, daß ein neuer Anzug ohne neue Schuhe gleich einen Teil von seinem Glanz verlor.

Bisher hatte Jochen solche Einkäufe stets nur mürrisch über sich ergehen lassen, heute genoß er sie. Er fühlte sich sehr frei, da er zwischen den vielen Käufern stand und von einem jungen Mann ernst und fachmännisch beraten wurde. Und er genoß auch sein Spiegelbild. So elegant, wie er jetzt aussah, wirkte noch nicht einmal Axel, das war sicher.

Getrübt wurde die Freude nur, wenn Jochen daran dachte, warum er sich jetzt ganz neu einkleiden konnte. Der Gedanke an Polterabend und Hochzeit war ihm höchst unbehaglich, sosehr die Kameraden ihn auch darum beneideten, daß er drei Festtage zu Hause verbringen durfte.

Herr Katz wunderte sich über die Gesprächigkeit und das Zutrauen, das er an diesem Jochen wahrnahm. Die Beurteilungen des Erziehers, die Herr Katz sich regelmäßig vorlegen ließ, zeichneten ein ganz anderes Bild dieses Jungen. Vielleicht sollte man doch überlegen, ob Jochen in einer anderen Gruppe nicht besser aufgehoben wäre. Bisweilen stimmt es eben zwischen einem Zögling und einem Erzieher nicht, und dann hat ein Junge es sehr schwer, gegen die verfestigte Meinung anzukommen, die sich ein Erzieher ohne jede Böswilligkeit und in vermeintlicher Objektivität gebildet hat. Ein Wechsel wirkte dann manchmal Wunder, vor allem dann, wenn man die Unterlagen des bisherigen Gruppenerziehers nicht gleich mitwandern ließ, damit der neue Erzieher gezwungen war, sich zunächst eine eigene Meinung zu bilden. Herr Katz nahm sich vor, gelegentlich an einen solchen Wechsel zu denken, verschob ihn aber zugleich in Gedanken noch um einige Wochen. Der gegenwärtige Augenblick war dafür nicht günstig. Es hatte gerade in letzter Zeit Schwierigkeiten zwischen Herrn Hamel und Jochen gegeben, und deshalb könnte der Junge eine Verlegung zur Zeit als eine Art Triumph empfinden, und das wäre nicht gut.

Jochen hatte gefragt: »Darf ich die neuen Sachen anbehalten, bis wir wieder im Heim sind?«

Herr Katz hatte nicht abgelehnt, und als er jetzt mit Jochen durch die belebten Straßen ging, fand er, daß der Junge an seiner Seite so aussah, als müßte jeder Vater mächtig stolz auf ihn sein.

»Wie wär's mit einer Tasse Kaffee und einem Stück Kuchen?« fragte Herr Katz und steuerte schon auf das Café zu, das zu dieser nachmittäglichen Stunde der bevorzugte Treffpunkt von Damenkränzchen war und das wie eine ruhige Insel inmitten des dichtesten Verkehrsgewühls der Stadt lag.

Drei Musiker unterhielten die Gäste. Geigenton drang süß durch das Klappern von Tassen und Kuchengabeln. Herr Katz trank einen Kaffee und sah heimlich zu, mit welchem Eifer Jochen sich auf die zwei Portionen Sahnetorte stürzte, die er ausgesucht hatte.

»Eigentlich schade«, dachte Herr Katz. »Gruppenerzieher müßte man sein. Da hat man doch wenigstens noch die Möglichkeit, sich hin und wieder mit einem der Burschen zu unterhalten, auch wenn die Gruppen eigentlich zu groß sind. Aber wenn man erst Heimleiter ist . . . Der Papierkrieg frißt einen auf, und vor lauter Akten und Papieren, Rechnungen und Statistiken sieht man die Jungen kaum noch. Wirklich schade.«

Herr Katz war gern Erzieher gewesen und viel zu tüchtig, um es lange zu bleiben. Manche der jungen Leute, die neu in den Beruf kamen oder als Praktikanten einige Wochen im Heim verbrachten, lächelten über ihn. Er kam ihnen ein wenig altväterlich vor, und seine erzieherischen Vorstellungen und Grundsätze erschienen, prüfte man sie im grellen kritischen Licht der modernen Erziehungswissenschaften, ein wenig bieder. Die Praktikanten

sprachen heimlich von »unserem Pestalozzi«, und dabei lächelten sie ein wenig spöttisch, obgleich sie Herrn Katz recht gern mochten.
»Sehen Sie nicht nur die Oberfläche, die man aus den Akten ablesen kann«, mahnte er immer wieder. »Über die Eltern steht zu wenig in den Akten, und ich habe oft genug den Eindruck, daß eigentlich sie anstatt ihrer Kinder hier sein müßten. Jeder Schuster muß drei Jahre lernen, ehe er für andere Leute Schuhe besohlen darf. Aber Vater oder Mutter werden kann jeder, und dann darf er entscheiden, darf das Leben eines anderen Menschen bestimmen, obwohl er sich oft genug nie Mühe gegeben hat, diesen schwierigen Beruf zu erlernen. Werden einem Schuhmacher die Schuhe krumm und schief, hat er das Leder verschnitten, so wirft er weg, was er verdorben hat, und fängt noch einmal von vorn an. Wenn er einen strengen Chef hat, muß er den Schaden vielleicht ersetzen. Aber wenn den Eltern bei ihren Kindern etwas fehlschlägt, sind immer die Kinder schuld, und dann kommen sie zu uns, und wir sollen sie wieder zurechtflicken.«
Besonders den Eltern, die ihre Kinder auf dem Wege der freiwilligen Erziehungshilfe ins Heim schickten, stand Herr Katz sehr mißtrauisch gegenüber. Er verstand sie nicht, und manchmal sagte er seiner Frau: »Was sind das nur für Eltern? Was gäbe ich darum, wenn unser Junge uns Schwierigkeiten gemacht hätte! Hätte er doch wenigstens einmal wirklich etwas anstellen können! Vielleicht hätte er uns wirklich viel Mühe gemacht, und manchmal wären wir zornig geworden, ja, das kommt wohl vor. Aber wir hätten ihn bei uns gehabt, hätten für ihn sorgen dürfen.« Seine Frau antwortete nicht, wenn Herr Katz so etwas sagte. Sie hatten einen einzigen Sohn gehabt, doch der war schwer krank geboren worden, hatte nie bei den Eltern bleiben können, war von einem Arzt zum anderen weitergereicht worden und mit sechs Jahren gestorben. Er wäre sonst jetzt gerade 28 Jahre alt gewesen und hätte vielleicht schon Enkel ins Haus gebracht.
»Du, Jochen«, sagte Herr Katz, und Jochen sah ihn über einen Löffel voll Sahnetorte hinweg fragend an. »Wie gefällt's dir nun eigentlich wirklich bei uns?«
»Mies«, antwortete Jochen und lächelte zugleich entschuldigend.
»War's zu Hause besser?«
»Tausendmal besser.«
Herr Katz rührte in seiner Tasse und fragte nicht weiter. Erst

nach einiger Zeit sagte er: »Das Heim, das die Familie ersetzen könnte, ist noch nicht erfunden, Jochen. Aber vielleicht müßten wir uns wirklich noch mehr Mühe geben. Nur – ein bißchen von dieser Mühe sollte auch bei euch liegen. Manche können nicht genug denken, und darum fällt es ihnen schwer, sich so einzufügen, daß wir etwas mit ihnen anfangen, daß wir ihnen helfen können. Aber du hast doch einen hellen Kopf. Willst du nicht einmal versuchen, dafür zu sorgen, daß nichts mehr vorfällt? Daß es keinen Ärger mehr gibt? Ich sage das wirklich nicht, damit deinem Erzieher die Arbeit erleichtert wird. Ganz bestimmt nicht. Aber es wäre doch für dich viel besser, wenn wir deiner Mutter bald empfehlen könnten, dich wieder nach Hause zu nehmen, nicht wahr? Willst du nicht einmal versuchen, dich zusammenzureißen?«
Jochen hob die Augenbrauen, dann lächelte er. »Na ja, versuchen kann ich's.«
»Versprochen?«
»Versprochen!«

»Ich hab Ihnen auch etwas mitgebracht, weil Sie sich soviel Mühe mit mir geben«, sagte Jochen und hielt der Krankenschwester eine Faust voll Gräsern hin, die er auf dem ganzen Gelände zusammengesucht und zu einem kunstvollen Strauß gefügt hatte.
»Schön«, sagte die Schwester und fuhr Jochen wieder von hinten mit den gespreizten Fingern durch die Locken. Hätte das einer seiner Stubenkameraden auch nur einmal im Spaß gewagt, so wäre daraus eine mächtige Prügelei entstanden, aber hier hätte Jochen den Kopf am liebsten gleich noch einmal hingehalten, wenn er auch selbstverständlich entrüstete Abwehr spielen mußte. Er setzte sich auf einen Stuhl und hob das verbundene Knie.
»Den Verband haben wir doch erst gestern erneuert, Jochen«, sagte die Schwester. »Jeden Tag ist das wirklich nicht nötig, und außerdem ist doch alles schon wieder so gut wie heil. Du brauchst bestimmt nicht mehr zu hinken, wenn du zur Hochzeit fährst.«
»Wenn ich überhaupt fahre«, entgegnete Jochen und ließ den Kopf hängen.
»Nanu? Das wird doch bestimmt sehr schön!«
»Ach, ich habe aber keine Lust.«
Die Schwester schüttelte den Kopf. »Lust oder nicht, du wirst

wohl fahren müssen. Wenn deine Mutter dich ausdrücklich eingeladen hat, kannst du doch nicht einfach wegbleiben. Das wäre auch nicht nett von dir, finde ich. Und Herr Katz hat zugesagt, also sorgt er auch dafür, daß du fährst.«
»Aber ich kann diesen Herrn Möller nicht ausstehen, der mein Stiefvater werden soll. Und er kann mich ja auch nicht leiden. Er will nicht, daß ich wieder nach Hause komme. In ein Lehrlingsheim soll ich, oder zu Bekannten von ihm. Und Kaufmann soll ich lernen, und das will ich nicht.«
»Was denn?«
»Das weiß ich nicht. Vielleicht hätte ich gar nichts gegen Kaufmann, aber dann soll ich später mal in den Laden von Herrn Möller, und ich denke gar nicht daran. Zu dem gehe ich nie!«
Die Schwester lächelte wie über den unüberlegten Trotz eines kleinen Kindes. »Aber wenn doch deine Mutter ihn heiratet? Zu deiner Mutter willst du doch sicher einmal zurück, nicht wahr?«
Jochen schüttelte verbissen den Kopf. »Nein. Die wollte mich bloß loswerden, weil sie jetzt diesen Möller hat. Sonst hätte sie mich doch gar nicht hierhergeschickt.«
Warum erzählte er das der Schwester? Was ging es sie an? Sonst war Jochen doch durchaus nicht zu Gesprächen aufgelegt. Er konnte auch nicht erklären, warum er jeden Nachmittag in das Krankenzimmer ging, um sein Knie behandeln zu lassen, obwohl er sich dabei ein wenig lächerlich vorkam, weil die Schramme wirklich nicht mehr der Rede wert war. Eigentlich war von der ganzen Wunde nur noch ein schmaler Schorfstreifen übrig, und die Schwester merkte bestimmt, daß sein Knie nur den Vorwand für sein Kommen abgeben mußte.
Sie war so freundlich. Immer gleichmäßig freundlich. Zupacken konnte sie, auch wenn sie wußte, daß es weh tat. Das hatte Jochen gesehen, wenn sie andere behandelte, die vor ihm an der Reihe waren. Aber man hatte immer das Gefühl, was sie tat, das müsse eben sein, auch wenn es unangenehm war. Und dann fiel ihr immer ein nettes Wort ein, wenn sie einem weh getan hatte. Vielleicht lag es daran. Wenn etwas weh tat, fühlte man sich bei der Schwester gut aufgehoben. Es brauchte ja nicht gerade ein aufgeschrammtes Knie zu sein.

Einige der Erzieher schüttelten bedenklich die Köpfe, wagten auch den einen oder den anderen Widerspruch, wiesen darauf hin, daß es zu unnötigen Komplikationen führen könne, wenn man die Jungen, die zum Teil seit Jahren unter ihresgleichen im Heim lebten, keine Schwestern und keine Schulkameradinnen um sich hatten, jetzt plötzlich mit Mädchen zusammenbrachte, und das auch noch in einem Alter, in dem sich ihr Interesse an Mädchen oft genug in seltsamen Fantasien äußere. Zweifellos seien damit Beunruhigungen, Anreize, vielleicht gar Gefahren verbunden, die man nicht so ohne weiteres auf sich nehmen könne.

Aber Herr Katz hatte sich bereits entschieden, hatte alles Notwendige in die Wege geleitet, ließ keine Widerrede gelten, verschloß sich allen Argumenten, kehrte den Vorgesetzten heraus und setzte seinen Willen durch. »Die Lebensumgebung unserer Jungen ist alles andere als normal. Wir müssen versuchen, wenigstens im Rahmen des irgendwie Möglichen Bedingungen zu schaffen, die denen einer Erziehung in der Familie ähneln. Eines Tages werden die Jungen schließlich entlassen. Und meinen Sie nicht, meine Herren, daß die Anreize und Gefahren, von denen Sie reden, sich dann viel stärker bemerkbar machen würden, wenn wir die Jungen jetzt allzu isoliert halten? Wir sollten wenigstens den Versuch unternehmen, meine ich.«

»Und wenn es schiefgeht?« fragte Herr Hamel.

»Dann versuchen wir es eben weiter. Risiko gehört zu unserem Beruf, Kollege Hamel. Oder können Sie sich einen Arzt vorstellen, der einen grippekranken Patienten nicht weiterbehandelt, weil der Patient Fieber hat oder hustet?«

Es war also beschlossene Sache, und die Jungen der ältesten Gruppen nahmen die Nachricht begeistert auf, wenn die Begeisterung auch gedämpfter wurde, je näher der entscheidende Tag kam. Sie sollten zur Tanzstunde!

Herr Katz hatte mit der Leiterin der Jugendgruppe einer benachbarten Kirchengemeinde vereinbart, daß zwanzig Jungen des Heimes an einem Tanzkursus teilnehmen sollten. Frau Geerts wollte die notwendigen Mädchen und auch noch eine Reihe von Jungen aus der Kirchengemeinde dazu stellen, ein junger Diakon sollte als Tanzlehrer fungieren, und eine diskrete Aufsicht sollte sichern, daß alles nach den Regeln und mit rechten Dingen zuginge.

Am Nachmittag des großen Tages herrschte fieberhafte Tätigkeit. Die Jungen fielen mit Bürsten und schwarzem Kaffee über ihre besten Anzüge her, liehen sich Bügeleisen aus und gaben sich Mühe, messerscharfe Bügelfalten in die Hosen zu zwingen, putzten die Schuhe, bis man sich darin spiegeln konnte, hantierten mit Wurzelbürsten und Nagelfeilen, erprobten vor dem Spiegel die wirksamsten Frisuren, putzten Zähne, wuschen Hälse, übten Tanzschritte, damit sie sich nachher nicht gar zu ungeschickt anstellten, waren freundlich und umgänglich, führten sich mustergültig auf, um der Gefahr zu entgehen, etwa noch im letzten Augenblick von diesem Ereignis ausgeschlossen zu werden.

»Daß mir ja keiner irgendwelche Mätzchen macht!« drohte Jochen. »Wenn einer sich vorbeibenimmt, dann heißt es doch gleich wieder, das waren die vom Heim!«

»Das sag mal am besten deinem Freund Sven«, erwiderte Reinhard, der frühere Pudel, breit grinsend, und brach in ein wieherndes Gelächter aus, als er sah, daß Sven tatsächlich rot wurde, einen Augenblick eine Rauferei zu erwägen schien, dann aber an seinen guten Anzug dachte und es lieber bleiben ließ.

Herr Hamel zahlte sogar vorzeitig das Taschengeld aus, und einige hatten das Gefühl, er müsse wohl ein paar Minuspunkte aus seinem Notizbuch radiert haben.

»Hoffentlich sind die Mädchen wenigstens hübsch«, sagte einer.

»Ich suche mir eine schwarzhaarige aus«, verkündete Jochen. »Ein bißchen kleiner als ich und schön schlank.«

»Ach was, schlank, man muß doch auch was im Arm haben!«

»Dich nimmt doch sowieso keine, mit deinen abstehenden Ohren!«

»Gerade! Das bremst ein bißchen beim Tanzen.«

Sie waren strahlender Laune, und als Herr Hamel nach dem Abendessen noch einmal die vor den Schränken aufgereihte Front abschritt, fand er, daß er sich mit seiner Gruppe durchaus sehen lassen könne. Die Jungen waren wie neu.

Und alle jungen Mädchen sind hübsch.

Zum Aussuchen blieb gar keine Zeit. Als die Jungen in das Jugendheim kamen, strömten auch gerade Mädchen und Jungen aus der Gemeinde herein, und der Diakon, ein junger Mann, der an seiner Tanzlehrerrolle Gefallen zu finden schien, stellte mit ein paar ordnenden Handbewegungen die Paare zusammen. Jochen hatte plötzlich ein Mädchen an der Hand, das rotblond war, einen Zentimeter kleiner als er, aber von der gleichen

Schüchternheit in den ersten Minuten. Hübsch sah sie aus in ihrem Minirock und dem knallroten Pulli, und Jochen bemerkte ihre heimlichen Blicke und stellte befriedigt fest, daß er ihr offenbar auch gefiel. Kein Wunder! Er hatte seinen neuen Anzug an, und seit fast vier Wochen war er nicht mehr beim Friseur gewesen.

Das Taschengeld reichte für zwei Cola, und Birgit nahm gern einen Drink an.

»Ich kenne hier noch keinen Menschen«, sagte sie. »Wir sind erst in der vergangenen Woche hergezogen. Aber es ist nett hier. Macht es hier immer so viel Spaß?«

»Ich weiß nicht«, entgegnete Jochen. »Ich bin auch zum erstenmal hier.«

Der Diakon übte ein paar Tanzschritte, aber nach einer Viertelstunde fand er, es sei nun genug geübt, und am meisten Schwung komme in die Sache, wenn erst einmal jeder versuche, so zu tanzen, wie er es eben hinkriege, und dann ließ er Beatplatten auflegen, und man brauchte nicht mehr so sehr darauf zu achten, daß die Füße vorgeschriebenen Regeln folgten.

Herr Hamel saß mit der Jugendleiterin der Gemeinde an einem kleinen Tisch in der Ecke und beobachtete wohlgelaunt das Treiben, wagte sogar selbst einen Tanz und freute sich, als seine Jungen Beifall klatschten.

Sven hatte eine Partnerin, die so blond war wie er, und als sie am Tisch saßen, legte er ihr einmal den Arm um die Schultern, doch er zog ihn gleich wieder zurück, als er Herrn Hamels Blick begegnete, wurde sehr rot und wirkte für den Rest des Abends stocksteif.

»Bist du beim nächstenmal wieder hier?« fragte Jochen, und Birgit nickte. »Du auch?«

»Bestimmt.«

Und dann war es vorbei.

Manche der fremden Jungen schickten sich an, ihre Mädchen heimzubringen, während Herr Hamel seine Jungen zu sich winkte. Sie versammelten sich widerstrebend, und Herr Hamel blickte auffordernd zu Jochen hinüber, der noch mit Birgit am Tisch stand.

»Bringst du mich noch ein Stück?« fragte Birgit.

»Ich würde ja gern, aber ich kann nicht. Ich muß zu den anderen. Siehst du, unser Hammel wird schon ungeduldig.«

Obwohl Birgit sich nicht von der Stelle rührte, war es, als träte sie einen Schritt zurück.
»Ach, zu denen gehörst du? Das wußte ich nicht. Du siehst auch gar nicht so aus.«
»Wie sehe ich nicht aus?«
»Na eben wie so einer; einer von denen, meine ich.«
»Tut mir leid, ich muß dich enttäuschen, aber ich bin einer von denen. Pech, wie? Jetzt habe ich dir den ganzen Abend verdorben. Such dir beim nächstenmal lieber einen aus, der dich nach Hause bringen kann.«
Damit ging er zu den anderen, Herr Hamel zählte nach, ob er alle beisammen hatte, und sie fühlten sich hinausgetrieben wie eine Herde.

Nur noch drei Tage bis zur Abfahrt.
Jochen zögerte lange, aber dann faßte er Mut und ging zu Herrn Katz. Seit dem gemeinsamen Einkauf und der Stunde im Café fand er, mit Kater könne man reden.
Aber Herr Katz verstand Jochens Bedenken nicht. Es könne keine Rede davon sein, daß er den Besuch zu Hause absage. Selbstverständlich würde er fahren. Schließlich käme es ja auch darauf an, daß er allmählich wieder zu einem guten Verhältnis mit seiner Mutter und auch mit seinem künftigen Stiefvater komme, und die Atmosphäre der Hochzeit könne dabei nur hilfreich sein. Im übrigen sei Jochens Abneigung nur entweder mit Trotz oder mit Feigheit zu erklären, und beides sei nicht gut.
Es war sinnlos.
»Schwester Maria, können Sie mich nicht für ein paar Tage krank schreiben? Bitte!«
»Setz dich erst mal her zu mir, Jochen. Krank schreiben? Warum denn? Was fehlt dir denn?«
»Mir ist gar nicht gut, wissen Sie. Ich habe immer Kopfschmerzen und so'n Schwindelgefühl. Und mit dem Magen muß was nicht in Ordnung sein. Mir schmeckt gar nichts, und manchmal denke ich, ich muß brechen.«
»Wann ist die Hochzeit?«
»Übermorgen. Aber damit hat das gar nichts zu tun, Schwester! Wirklich nicht! Mir ist nicht gut.«
»Dann gebe ich dir hier ein paar Tabletten, und die nimmst du schön, dann wird's besser. Und wenn du dich am Montag noch

nicht wohl fühlst, wenn du von der Hochzeit zurückkommst, dann meldest du dich wieder bei mir, und dann sehen wir weiter, ja?«
Sie wollte nicht verstehen!
»Jäger, willst du denn deinen Schrank nicht aufräumen?«
»Nein.«
»Warum hast du dein Bett noch nicht gebaut?«
»Weil ich nicht will.«
»Hast du nicht heute Tischdienst?«
»Das kann ja ein anderer machen. Sie selbst haben doch genug Zeit!«
Herr Hamel kniff die Lippen zusammen, schien auffahren zu wollen, gab sich Mühe, entspannte sich wieder und sagte: »Sven, bist du so nett und erledigst das für deinen Freund? Jochen kann es ja dann nachholen, wenn er von der Hochzeit zurück ist.«
Alle waren sich einig! Hammel dachte überhaupt nicht daran, ihn zu bestrafen, ihm vielleicht die Erlaubnis zu dieser Reise zu entziehen. Was sollte er denn nun noch machen?
Gleich nach dem Frühstück kam Herr Katz. »Jochen, ich hab mir das überlegt, du fährst besser nicht allein nach Hause.«
Jochen strahlte auf. »Ich darf hierbleiben?«
Herr Katz schüttelte den Kopf. »Du hast mich mißverstanden. Ich habe gesagt: nicht allein. Wir geben dir einen Praktikanten mit, der dich zu Hause abliefert. Ich könnte mir denken, daß du sonst versehentlich in den falschen Zug steigst, weißt du, und ich möchte jede Aufregung vermeiden.«
Diese Fürsorge!
Freitag war der Reisetag, und Jochen trug beim Frühstück schon den neuen Anzug. Ihm schmeckte nichts. Er trank nur eine Tasse Milch. Die anderen beneideten ihn um diese Reise. Sollten sie doch an seiner Stelle fahren. Er war einverstanden. Hier! Wer will zur Hochzeit meiner Mutter fahren? Ich hab nichts dagegen. Bestellt einen schönen Gruß von mir. Vielleicht merkt sie gar nicht, wenn ein anderer kommt! Aber das war ja Unsinn.
Der Praktikant aus dem Vorzimmer von Herrn Katz sollte mitfahren. Jung und sportlich sah er aus. Es war ziemlich aussichtslos, wenn man versuchte, ihm auf dem Bahnhof davonzulaufen.
Ich fahre nicht zu dieser Hochzeit! Wieso kann man mich überhaupt dazu zwingen? Ich will nicht! Und ich lasse mich nicht zwingen! Und plötzlich wußte Jochen, wie er diese Reise verhindern konnte.

Heimlich löste er den Manschettenknopf des linken Ärmels, streifte Hemd und Jacke fast bis zum Ellbogen hoch, daß der Unterarm frei lag, packte blitzschnell mit der rechten Hand die Gabel neben seinem Teller, unterbrach die Bewegung nicht, damit der Mut nicht ins Stocken geriet, stieß die vier Zinken mit aller Kraft in den linken Unterarm, schrie auf vor Schmerz, sah Blut sprudeln, riß die Gabel nicht wieder heraus, sondern zog sie, die Zähne fest zusammengebissen, ein Stück abwärts durch Fleisch und Muskeln, fiel vornüber, daß der Kopf die Tasse umstieß, und merkte nichts von der Aufregung, die plötzlich um ihn war.

»Was hast du denn nur wieder angestellt, mein Junge?« hörte Jochen, aber er schlug die Augen noch nicht auf, sondern versuchte angespannt herauszufinden, wo er jetzt war. Er lag im Bett, das war sicher. Jemand mußte ihn ausgezogen haben. Und der linke Arm war schwer, sehr schwer und dick. Unförmig dick. Finger waren an seiner Stirn, strichen darüber, ganz leicht, nur eben mit den Fingerspitzen, nestelten an seiner Locke, die auf der Stirn zu kleben schien. »Armer kleiner Kerl!«
Er blinzelte, sah ein Gesicht über sich. Schwester Maria.
»Muß ich zu ihr fahren?« fragte er flüsternd, und er wartete auf eine Antwort, die nicht kam. Aber die Schwester schüttelte den Kopf, das war ganz sicher.
»Das ist gut«, sagte er, und dann schlief er wieder, oder er verlor das Bewußtsein. Er wußte es später nicht genau.
Aber Herr Katz saß neben seinem Bett, als er wieder aufwachte.
»Deine Mutter läßt dich grüßen, Jochen«, sagte er. »Ich habe sie angerufen und ihr gesagt, daß du nicht kommen kannst.«
»Haben Sie ihr erzählt ... ich meine, weiß sie, was ich getan habe?«
»Nein. Du hattest einen kleinen Unfall, mußt ein paar Tage im Bett bleiben und kannst heute nicht reisen. Mehr habe ich ihr nicht gesagt.«
»Und sie? Ich meine, was hat meine Mutter gesagt?«
»Es tut ihr sehr leid. Sie hatte sich so auf dich gefreut, und jetzt ist sie traurig, daß du nicht bei der Hochzeit sein wirst.«
Herr Katz log so ungern, aber er konnte dem Jungen doch nicht sagen, wie das Telefongespräch tatsächlich verlaufen war. »So, er

kann nicht kommen? Schade! Aber vielleicht ist es auch ganz gut so. So eine Hochzeit bringt viel Trubel mit sich, und da kann man sich nicht so um ihn kümmern, wie es nötig wäre. Wir holen ihn dann eben ein andermal für ein Wochenende zu uns, wenn Sie einverstanden sind, Herr Katz. Grüßen Sie ihn schön, auch von seinem Stiefvater, und sagen Sie ihm, daß wir ihm auch ein Paket schicken werden. Er soll doch etwas vom Hochzeitskuchen abbekommen. Gute Besserung wünsche ich ihm. Aber jetzt entschuldigen Sie mich, Herr Katz, es ist heute noch soviel zu tun.«
Erst als Herr Katz aufgelegt hatte, fiel ihm auf, daß die Mutter sich nicht einmal erkundigt hatte, welcher Art die Verletzung sei, die dem Jungen die Reise unmöglich machte.
»Da braucht sie doch nicht traurig zu sein? Was hat sie denn davon, wenn ich komme? Sie wollte mich ja loswerden.« Jochen hörte, was er sagte, aber es war zugleich, als spräche ein anderer. Und Herr Katz war auch nicht deutlich zu sehen. Alles war undeutlich, nur der Schmerz im linken Arm nicht.
»Und ein Feigling bin ich nicht«, sagte Jochen. »Das hat ganz schön weh getan, wissen Sie!«
Herr Katz hätte widersprechen können. Es ließ sich gewiß mit guten Argumenten vertreten, daß man sich auch aus Feigheit selbst Schmerzen zufügen kann. Er behielt es für sich.
»Erinnerst du dich? Es ist erst ein paar Tage her, da hast du mir versprochen, daß nichts mehr vorfallen werde. Tatsächlich erst ein paar Tage! Wie enttäuscht deine Mutter ist, das kann ich nicht beurteilen, Jochen. Aber mich hast du ziemlich enttäuscht, das muß ich schon sagen.«
Jochen schloß die Augen und tat, als hätte er die Worte nicht mehr gehört oder doch nicht verstanden. Was ließ sich dagegen einwenden? Von seinem Standpunkt aus hatte Herr Katz sicher recht. Aber was hätte er denn sonst tun sollen? Er hatte doch alles versucht! Und sie hatten nicht verstanden. Doch, sie mußten verstanden haben. Was hätte er noch deutlicher sagen sollen, als daß er nicht nach Hause fahren konnte? Sie wollten nicht verstehen, oder sie meinten, sie wüßten besser, was gut und richtig wäre. Das meinten sie ja immer. Nichts wußten sie.
Der Arm schmerzte fast unerträglich. Der Arzt hatte die Wunde genäht. Vielleicht war es doch Unsinn gewesen, sich soviel Schmerzen zuzufügen? Warum war er nicht lieber zur Hochzeit gefahren? Gut essen, gut trinken, ein paar heimliche Zigaretten,

die sich vielleicht sogar mit ins Heim schmuggeln ließen, vielleicht auch ein paar schiefe Blicke, die zu ertragen waren, wenn man nicht hinsah; mehr wäre doch nicht zu erwarten gewesen. Vielleicht war es klüger, wenn man hin und wieder einfach nachgab, wenn man doch wußte, daß man der Schwächere war. Bestimmt war es schmerzloser.
Eigentlich war es sogar gut, daß der Arm so weh tat. Das glaubte jeder; kein Blick verriet Zweifel. Jedes Stöhnen war gerechtfertigt, und meistens rief es die Schwester ans Bett. Sie interessierte sich nicht nur für den Arm. Wenigstens sie schien zu begreifen.
Sie mußte arbeiten, aber sie hatte Zeit. Sogar Zeit zu Gesprächen, und die waren selten im Heim. Sonst waren Gespräche, an denen Erwachsene beteiligt waren, nur Ermahnungen, Rügen, Drohungen. Sie bestanden aus Fragen, zu denen der Fragende die Antworten gleich mitlieferte.
Die Schwester fragte auch, aber sie hörte zu, und sie verstand sogar, wenn man nicht gleich eine Antwort wußte, oder wenn man sie nicht gern aussprechen mochte, weil man schonen wollte: die Mutter, Axel, sich selbst.
»Und du willst nicht Kaufmann werden?«
»Eigentlich schon, nur nicht bei Herrn Möller.«
»Deine Mutter und dein Stiefvater möchten, daß du hier in der Stadt lernst?«
»Ja, aber ich soll bei Bekannten wohnen, oder in einem Lehrlingsheim. Ich will nicht zu diesen Bekannten. Dann wissen die zu Hause gleich jede Kleinigkeit. Ich meine, nicht daß ich etwas anstellen würde; aber es kommt doch mal was vor, das kann man ja gar nicht ändern.«
»Soll ich einmal mit meinem Bruder sprechen? Er hat auch ein Geschäft. Lebensmittel, genau wie bei euch zu Hause. Ich wohne bei ihm. Vielleicht kann er einen Lehrling brauchen. Und wohnen könntest du dann wohl auch bei uns.«
»Wenn Sie das wirklich tun würden?«
Schwester Maria meinte es ernst. Es wäre gut, wenn man einmal etwas mehr für einen dieser Jungen tun könnte, als nur zerschrammte Knie zu behandeln, Hälse auszupinseln, Geschwüre zu entleeren, Fieber zu messen. Und dieser Jochen verdiente es vielleicht. Wer kam sonst schon auf den Gedanken, eine Faust voll Gräser zum Verbandwechsel mitzubringen.

Sie sprach mit dem Bruder, und er hatte keine Bedenken. Mehr noch: er war froh, daß sich Aussicht bot, einen Lehrling zu bekommen. Und wohnen könne der Junge auch im Hause, und man wolle schon auf ihn achten und ihn gut ausbilden, und schließlich sei ja die Schwester auch noch da und könne ihn ein wenig im Auge behalten. Wie gesagt: gern ...

»Aber ob meine Mutter einverstanden ist?« Jochen mochte es noch nicht glauben.

»Ich könnte ihr schreiben.«

Am nächsten Tag sah sogar der künftige Lehrherr für ein paar Minuten herein, setzte sich auf den Bettrand und sagte: »Hör zu, mein Junge, wir versuchen's miteinander. Ich verlasse mich da ganz auf meine Schwester. Die hat einen Blick für Menschen, weißt du. Und wenn die sagt, daß du in Ordnung bist, dann bist du's für mich.« Er hatte ein gutmütiges Gesicht und hätte die Bonbons gar nicht mitzubringen brauchen, um sympathisch zu sein. »Manche Kollegen würden sagen: man nimmt doch keinen Lehrling aus der Fürsorge. Da pfeif ich drauf. Du hast wahrscheinlich etwas angestellt, sonst wärst du kaum hier. Ich will's nicht wissen. Ich weiß nur, wenn alles rausgekommen wäre, was ich so im Laufe meines Lebens angestellt habe, besonders, als ich noch so jung war, wäre es mir vielleicht auch dreckig gegangen. Das wollte ich dir nur sagen, und nun reden wir nicht mehr davon. Sorg dafür, daß du ein gutes Abschlußzeugnis kriegst, und wenn du dann anschließend gleich hier raus darfst, dann kannst du anfangen.«

Und die Mutter schrieb, es sei ihr recht.

Es war herrlich! Zwar hatte Jochen bisher kaum darüber nachgedacht, ob er wirklich Einzelhandelskaufmann werden wollte, doch jetzt war jedes Nachdenken überflüssig. Was konnte er sich Besseres wünschen? Es ging nicht nach dem Willen von Herrn Möller, der künftige Chef gefiel ihm, und er sollte in einem Haus mit Schwester Maria wohnen!

»Herr Katz«, sagte er, als der Heimleiter einmal wieder in das Krankenzimmer kam. »Jetzt kommt bestimmt nichts mehr vor! Sie können sich drauf verlassen!«

10

Selbst wenn Ausgang gewährt wurde, mußte die Gruppe zumeist zusammenbleiben. Für gewöhnlich wurde ein Praktikant zur Begleitung abgestellt, und wie der Nachmittag dann verlief, hing vom Praktikanten ab. Die meisten fanden es ein wenig komisch, mit einer Horde von fünfzehn Jungen im geschlossenen Verband durch die Straßen zu ziehen. Sie strebten dann meist schnell in das nächste Kino. Manche waren mehr für frische Luft. Dann wurde irgendein Spielplatz aufgesucht, und wenn man durch belebtere Straßen gehen mußte, hätten manche Praktikanten am liebsten paarweises Händchenhalten verlangt.

Freier Ausgang war selten, und die Jungen waren heute davon überrascht worden, denn eigentlich war Hammel in den letzten Tagen recht mürrisch gewesen; nichts hatte auf eine solche Vergünstigung hingedeutet.

Sven und Jochen hatten sich möglichst schnell von den anderen abgesondert, sobald sie das Heimtor hinter sich wußten. Sie verfolgten keinen Plan und kein Ziel, waren nur ein wenig durch die Großstadt gebummelt, hatten ein Eis gegessen, waren durch ein Warenhaus gegangen, doch Jochen hielt es nicht lange darin aus. Anschließend hatten sie auf einem baumbestandenen Platz mitten im Verkehr noch einer Gruppe von etwas älteren Jungen zugehört, die Lieder zur Gitarre sangen und in ihren Gesang so vertieft waren, daß sie kaum zu bemerken schienen, wie die Passanten ihren langen Haaren und der etwas bunten Kleidung mißbilligende Blicke zuwarfen.

Es war ein völlig ereignisloser Nachmittag gewesen, und andere Jungen hätten ihn vermutlich als langweilig empfunden, aber Sven und Jochen genossen ihn. Genossen ihn so sehr, daß sie nicht auf die Zeit achteten.

»Wir kommen zu spät«, sagte Jochen plötzlich erschrocken.

»Ist doch erst zwanzig vor«, gab Sven zurück.

»Aber wir brauchen mindestens eine halbe Stunde, und wenn wir noch so rennen. Oder hast du vielleicht noch Geld für die Straßenbahn?«

»Keinen Pfennig.«

»Ich sage dir, wir kommen zu spät, und dann kriegen wir Ärger mit Hammel.« Jochen blieb unentschlossen stehen, als ließe ver-

schwendete Zeit sich auf diese Weise einholen. »Mindestens eine Viertelstunde zu spät!«
»Wenn schon«, meinte Sven. »Hammel kann mir den Buckel runterrutschen.«
»Aber wenn er uns bei Kater meldet?«
»Kater kann mir noch ganz was anderes!«
Jochen ging erst langsam weiter und verfiel dann in Laufschritt. Sven macht sich nichts daraus, dachte er. Warum sollte er auch? Sven hat ein dickes Fell. Und eigentlich hat er sogar recht. Was ist schon dabei? Jeder kann sich einmal um eine Viertelstunde verspäten. Nur – wenn Hammel es Kater meldete ... Ich habe ihm versprochen, daß ich nicht mehr auffallen will. Ach was – nicht ihm. Mir habe ich's versprochen!
»He!« keuchte Sven. »Wenn du's so eilig hast, dann lauf allein. Ich bringe mich doch nicht um, nur weil wir ein paar Minuten ...«
Jochen ging wieder im Schritt.
Nach einiger Zeit sah Sven den Freund neugierig an. »Liegt dir soviel daran?«
»Woran?«
»Daß Hammel dich nicht verpfeift?«
»Ich glaube schon ... Weißt du, weil ich's doch Kater versprochen habe.«
»Dann müssen wir uns eben etwas einfallen lassen.«
»Was denn? Eine Viertelstunde kann man doch nicht einfach wegquatschen!«
»Wenn du so viel redest, kann ich nicht nachdenken!«
Schweigend gingen sie weiter. Sven sah zu Boden, als hoffte er, eine Lösung könnte sich auf dem Weg finden lassen. Jochen sah ihn immer wieder in einer Mischung aus Hoffnung und Skepsis an. Viel war bestimmt nicht zu machen. Eine Viertelstunde blieb nun einmal eine Viertelstunde, und Pünktlichkeit gehörte zu Herrn Hamels starken Seiten. Aber andererseits – Sven war gerissen. Er griff brauchbare Ausreden aus der Luft wie ein Zauberkünstler die brennenden Zigaretten. Leider blieb nicht mehr viel Zeit. Sie waren schon auf dem Weg zwischen den Schrebergärten. Aus einer Laube quäkte ein Kofferradio.
»Na, bitte!« sagte Sven plötzlich. »Da haben wir doch die Lösung! Keinen Mucks wird Hammel sagen! Im Gegenteil! Bei dem sind wir beide von heute an ganz große Nummern!«

»Wieso?«
»Kannst du nicht gucken, Mensch?«
Auch bei weit aufgerissenen Augen sah Jochen nur den Weg, die Drahtzäune der Schrebergärten rechts und links und grüngestrichene Lauben zwischen ordentlichen Beeten. Sonst war da nur noch ein kleines Mädchen zu sehen, vier oder fünf Jahre alt. Es kauerte mitten auf dem Weg und spielte mit einem tapsigen Welpen, der vielleicht eine Art Dackel werden sollte. Die Lösung, von der Sven gesprochen hatte, konnte Jochen nirgends entdecken.
»Laß mich nur machen«, sagte Sven. »Und wenn ich sage los, dann meine ich auch los! Vielleicht ist ihr Alter in der Nähe!«
»Aber was . . .«
Sven winkte ungeduldig ab. Er ging auf das kleine Mädchen zu, das den beiden Jungen den Rücken zukehrte und so in das Spiel mit dem jungen Hund vertieft war, daß es nichts anderes sah und hörte.
Als der fremde große Junge plötzlich den Hund an sich riß, ihn mit beiden Armen vor die Brust drückte und »Los!« schrie, war das kleine Mädchen so erschrocken, daß es nicht gleich schreien konnte. Erst als die beiden Jungen schon fast die Ecke des Gartenweges erreicht hatten, wo sie nach rechts abbiegen und in wenigen Sekunden die Straße erreichen konnten, die sie zum Heim führte, fand die Kleine genug Atem. »Pucki!« schrie sie, und dann war nichts mehr zu verstehen, weil sie nur noch voller Entsetzen lauthals weinen konnte.
Jochen war Sven nachgelaufen, ehe er recht begriffen hatte, was sich abgespielt hatte, und auch als Sven drei- oder vierhundert Meter entfernt stehenblieb, wußte Jochen noch nicht, wie er sich diesen Hunderaub erklären sollte.
»Bist du durchgedreht?« fragte er und rang nach dem schnellen Lauf um Luft. »Was willst du denn mit dem Hundebaby anfangen?«
»Begreifst du immer so langsam? Der Hund – das ist genau die Lösung, die wir brauchen, wenn wir wollen, daß Hammel nicht meckert!«
»Denkst du vielleicht, Hammel bricht in Jubel aus, wenn du ihm sagst, daß du einen Hund geklaut hast?«
Sven schüttelte den Kopf über soviel Begriffsstutzigkeit und lächelte nachsichtig. »Wieso denn geklaut, Jojo? Gerettet haben

wir den kleinen Kerl. Gerettet vor der Gefahr des Ertrinkens. Nicht wahr, Kleiner, es war höchste Zeit, daß wir gekommen sind!« Er kraulte den kleinen Hund hinter dem Ohr, und der ließ es sich willig gefallen und strebte nicht fort von seinem Entführer, denn ihm war jede menschliche Wärme recht, die er an seinem Fell spürte.

»Aus dem Wasser gerettet? Er ist doch staubtrocken!«

»Noch«, stimmte Sven zu. »Aber das kann man ja ändern. Los, komm! Wir müssen uns beeilen, sonst wird es noch später.«

Hundert Meter vor dem Heim bogen sie in eine Nebenstraße ein, die in einem Wäldchen endete, durch das ein schmächtiger Bach floß.

»Entschuldige«, sagte Sven, »aber was sein muß, das muß sein!« Damit nahm er den Welpen beim Nackenfell, tauchte ihn eine Sekunde ins Wasser, zog ihn wieder heraus und betrachtete das tropfende Kerlchen von allen Seiten. »Jetzt siehst du richtig gerettet aus, Kleiner!«

Jochen war nicht wohl bei dieser Geschichte. Das alles war doch viel zu durchsichtig. Darauf konnte Hammel nicht hereinfallen.

Aber Sven war seiner Sache ganz sicher. »Laß mich reden«, verlangte er. »Du hältst lieber den Mund, sonst bringst du nur alles durcheinander. Sei lieber zufrieden, daß ich dich vor einem mächtigen Anpfiff bewahrt habe.«

Herr Hamel wartete an der Tür, und als er seine beiden Zöglinge kommen sah, öffnete er schon den Mund, und sein Gesichtsausdruck verriet, daß er keine Freundlichkeiten sagen wollte. Ehe er aber noch den ersten Ton hervorgebracht hatte, streckte ihm Sven den Welpen entgegen, der am Nackenfell hing und mit allen vier Pfoten strampelnd gegen solche Behandlung und gegen sein nasses Fell protestierte. »Sehen Sie mal, Herr Hamel! Den haben wir aus dem Bach gefischt! Wir sind da hinten ein bißchen durch das Wäldchen gebummelt, und dann haben wir ihn gesehen. Er hat ganz aufgeregt gepaddelt und gewinselt. Ich konnte nicht gleich ran, mußte mir erst Schuhe und Strümpfe ausziehen, und dann bin ich ihm nachgewatet. Wie der wohl in den Bach gekommen ist?«

Herr Hamel nahm ihm den Hund behutsam ab. »Den müssen wir ganz schnell trocknen! Für einen so kleinen Kerl ist es ja lebensgefährlich, wenn er ins Wasser fällt. Das kann eine Lungenentzündung geben, und so ein Welpe ist noch sehr empfindlich.«

»Was machen wir denn jetzt mit dem?« fragte Jochen.
»Erst nehme ich ihn einmal mit in mein Zimmer und versorge ihn. Morgen früh melde ich den Fund dann beim Fundbüro an, und es wird sich schon jemand melden, dem der Hund gehört. Es ist ja nicht irgendeine Mischung, die jemand loswerden wollte. Das ist ein echter Langhaardackel oder will wenigstens einmal einer werden. Da kann es sich nur um einen unglücklichen Zufall handeln.« Er streichelte den kleinen Kopf und ließ sich die Hand belecken. »Wir dürfen zwar eigentlich hier keine Hunde halten, aber in diesem Falle wird selbst die Hausordnung nichts dagegen haben, nehme ich an. Wir können unseren Findling ja nicht einfach verstoßen.«
Sven und Jochen sahen dem Erzieher nach, der den Welpen behutsam in sein Zimmer trug. Sven kniff ein Auge zu, aber Jochen sah zur Seite. Die Sache war nun mal nicht sauber. Es wäre schon besser gewesen, wenn Sven sich ein anderes Alibi für das Zuspätkommen ausgedacht hätte.
Beim Abendessen sagte Herr Hamel: »Jetzt schläft er. Ich denke, das Wasser hat ihm nicht geschadet. Sven und Jochen, es war wirklich gut, daß ihr den Hund aus dem Bach gefischt habt. Der Besitzer wird sich auch freuen, wenn er den kleinen Kerl wiedersieht.«
Jochen sah auf seinen Teller. Der Besitzer! Wenn der sich wirklich meldete, dann kam alles heraus! Sven und seine Einfälle!

Sven war zu Herrn Katz gerufen worden, und Jochen hatte dem Freund mit einigen Bedenken nachgesehen. Ob das etwas mit dem Hund zu tun hatte, der unbeholfen durch den Tagesraum watschelte, trotz aller Mahnungen unaufhörlich gestreichelt und gekrault wurde, unaufhörlich feuchte Spuren zurückließ und immer jemanden zwang, mit dem Wischlappen hinter ihm herzulaufen? Aber dann hätte Herr Katz ihn selbst doch sicher auch rufen lassen? Vielleicht auch nicht. Vielleicht wollte er beide getrennt vernehmen, um desto besser hinter mögliche Widersprüche zu kommen.
Jochen hatte ein Buch vor sich auf dem Tisch liegen. So sah man ihn in letzter Zeit meistens, und die anderen Jungen zogen ihn schon manchmal damit auf oder nannten ihn Professor, wenn sie ihn zwei- oder dreimal ansprechen mußten, ehe er aus seiner Geschichte auftauchte. Aber jetzt blätterte er nicht weiter. Er hielt

den Blick auf das Buch gesenkt und merkte nicht, daß er gar nicht las, sondern angespannt auf Sven wartete.
Und dann platzte Sven herein, und im selben Augenblick wußte Jochen, daß dieser Ruf zum Heimleiter nichts mit dem Hund zu tun haben konnte.
Sven stürzte an seinen Schrank, riß ihn auf, fing an, alles herauszureißen, was dort säuberlich aufgestapelt lag. Alles warf er auf das Bett, ordnete es dann wieder, sah die verdutzten Blicke der anderen und erklärte: »Abgang! Ich komme weg, Jungs! In einer Stunde werde ich abgeholt. Ich werde entlassen!«
Einerseits war Jochen erleichtert, weil seine Befürchtungen sich als unbegründet erwiesen hatten, doch andererseits war diese Nachricht fast noch schlimmer. Sven ging fort! Der einzige von allen, mit dem er sich angefreundet hatte. Was sollte er denn tun, wenn er Sven nicht mehr hatte? Mußten denn immer alle wieder fortgehen, die er mochte? Die Mutter, Axel, Elvira, das Mädchen in der Tanzstunde, Sven, Kaiser Rotbart . . .
»Wohin denn? Ich denke, du hast keine Eltern mehr? Zurück ins Waisenhaus? Da würde ich ja nun doch nicht gerade jubeln.« Es klang nicht nach Mitfreude.
»Nicht ins Waisenhaus. Familienpflegestelle! Und weißt du, bei wem? Bei einem Onkel. Hat Kater für mich ausfindig gemacht. Ich wußte natürlich, daß ich einen Onkel habe. Irgendwann muß ich ihn mal gesehen haben, aber daran erinnere ich mich gar nicht mehr. Da muß ich noch mächtig klein gewesen sein. Und jetzt will er mich zu sich nehmen! Er hat 'ne Gärtnerei, sagt Kater, und ich kann sogar bei ihm Gärtner lernen! Ist das nicht wunderbar?«
»Ja, das ist schön«, sagte Jochen, doch es klang nicht so.
Eine halbe Stunde war Sven noch mit seinem Jubel und mit dem Packen beschäftigt. Dann konnte er nur noch warten, bis der Onkel ihn abholen kommen würde. Irgendwann im Laufe des Vormittags, hatte Katz gesagt. »Den Sonntagsbraten ißt du schon bei deinem Onkel.«
Jochen tat noch immer, als läse er in seinem Buch. Sven setzte sich zu ihm.
»Ich kann doch nichts dafür«, sagte Sven. »Das mußt du einsehen, Jochen. Das ist nun mal so. Da kriegt man plötzlich gesagt: du gehst ab, und dann geht man eben. Aussuchen kann man sich das nicht.«

»Du kannst dich doch freuen«, antwortete Jochen.
»Tu ich ja auch. Aber daß du nun hierbleiben mußt ... Ich schreibe dir auch. Ganz bestimmt, Jochen. Und du schreibst mir wieder, ja? Und dann kann ich meinen Onkel fragen – vielleicht darfst du übers Wochenende mal zu uns kommen. Es ist ja gar nicht so weit. Oder ich besuche dich hier.«
»Wenn du erst raus bist, dann denkst du bald nicht mehr an uns. Bist froh, daß du es hinter dir hast. Das kann man ja auch verstehen. Mir ginge es auch nicht anders.«
»Quatsch. Wir sind doch schließlich Freunde, Jojo. Und du kommst auch bald hier raus, und wenn du erst deine Heringe verkaufst und ich meine Radieschen gieße, dann haben wir doch sicher am Wochenende beide frei. Dann können wir uns treffen. Mal bei mir und mal bei dir. Mensch, was wir dann alles anstellen werden! Und kein Hammel guckt auf die Uhr, ob wir auch pünktlich nach Hause kommen!«
Er war wieder voller guter Laune, doch es gelang ihm nicht, sie auf Jochen zu übertragen.
Und eine Stunde später war er nicht mehr da. Er hatte noch einmal allen die Hand gegeben, Jochen ganz zuletzt, und dann war er gegangen.
Erst war Jochen hinter seinem Buch sitzen geblieben, aber dann war er doch aufgestanden und vor das Haus gegangen, und da sah er gerade noch, wie ein Kombiwagen das Tor durchfuhr und auf der Straße davonrollte. »Blumen-Weber« stand hinten an der Tür.
Sven hatte wohl nicht mehr gesehen, daß Jochen noch herausgekommen war. Anscheinend unterhielt er sich angeregt mit dem Mann am Steuer.
Jochen ging zum Krankenrevier, doch Schwester Maria hatte heute dienstfrei.
Am Montag wurde Jochen aus dem Unterricht zu Herrn Hamel gerufen.
Der Erzieher saß hinter seinem Schreibtisch, sah Jochen mit einem ausdruckslosen Gesicht entgegen und schob ihm, als der Junge vor dem Tisch stehenblieb, eine Zeitung kurzerhand zu, deutete mit dem Zeigefinger auf eine bestimmte Stelle und sagte: »Lies mir das vor!« Seine Stimme klang sehr ruhig.
Jochen nahm die Zeitung, fühlte, daß seine Hände zu zittern begannen, suchte die Zeilen, stockte.

»Lies vor!« wiederholte Herr Hamel.
Jochen sah ihn hilflos an.
»Du sollst vorlesen!«
Jochen schluckte. »Gemeiner Bubenstreich. Am Samstagabend gegen 19.00 Uhr verübten zwei etwa 14jährige Jungen einen gemeinen Bubenstreich. Die fünfjährige Elke K. spielte in der Gartenkolonie ›Sonnenschein‹ mit einem achtwöchigen Dackelwelpen, als zwei bisher unbekannte Jungen ihr das Tier entrissen und davonliefen. Nach der Beschreibung des kleinen Mädchens und einer Frau, die den Vorfall von ihrer Gartenlaube beobachtete, soll es sich um einen hellblonden und einen dunkelhaarigen Jungen gehandelt haben. Genauere Beschreibungen fehlen. Der Vater der kleinen Elke hat Anzeige gegen Unbekannt erstattet. Wer hat um die fragliche Zeit zwei Jungen mit einem jungen Dackel gesehen? Ist ein herrenloser Welpe gefunden worden? Der Besitzer hat demjenigen eine Belohnung zugesichert, der Hinweise geben kann, die zur Wiederbeschaffung des Hundes führen können.«
»Genug.«
Herr Hamel stand auf, kam um seinen Schreibtisch, stand dicht vor Jochen, der zu Boden sah und die Zeitung auf den Tisch zurücklegte. »Ihr Lumpen!« sagte Herr Hamel leise. »Ihr widerlichen Lumpen!« Und dann schlug er zu, schlug mit beiden Händen, schlug weiter, als Jochen schützend die Arme hob, sagte kein Wort mehr, schlug nur und schlug, schien plötzlich zu erschrekken. Die Hand, die schon wieder ausgeholt hatte, stockte, dann ließ er sie sinken und sagte: »Zieh dich um. Ich habe die Redaktion angerufen und kenne die Anschrift des Besitzers. Wir bringen den Hund wieder hin. Jetzt gleich.«
Unterwegs blieb Herr Hamel stumm. Er trug den Hund auf den Armen, sprach manchmal leise auf ihn ein und schien Jochen, der neben ihm ging, gar nicht zu bemerken.
Einmal wollte Jochen etwas sagen, doch er wagte es nicht.
In einem Mietshaus stiegen sie zwei Treppen hinauf, und Herr Hamel läutete an der Tür. Eine Frau öffnete, und im selben Augenblick drängte ein kleines Mädchen sich an ihr vorbei, jubelte: »Pucki!« und nahm Herrn Hamel den Welpen ab, drückte ihn an sich, daß der Kleine entsetzt fiepte, tanzte mit ihm durch den Flur und verschwand, ohne sich noch einmal nach dem Mann und dem Jungen umzusehen.

»Ich freue mich, daß ich Ihnen den Hund wiederbringen konnte«, sagte Herr Hamel. »Es tut mir leid, daß so etwas geschehen konnte. Wir hatten den Zöglingen Ausgang gegeben. Sie verstehen, die Jungen müssen sich ja irgendwann einmal wieder daran gewöhnen, daß sie sich selbständig und ungehindert bewegen können. Aber wir haben diese Kerle offenbar überschätzt. Der hier wird sobald keinen Ausgang mehr haben.«

»Wollen Sie nicht hereinkommen?« fragte die Frau. Jochen sah nur ihren Rocksaum und ihre Hausschuhe.

»Nein, ich möchte gleich ins Heim zurück«, entgegnete Herr Hamel. »Ich warte eigentlich nur noch, ob dieser junge Mann hier Ihnen auch noch etwas zu sagen hat.«

»Es . . . es tut mir leid«, sagte Jochen leise. »Entschuldigen Sie.«

»Wie bist du nur auf so etwas gekommen?« fragte die Frau. »Danach siehst du doch eigentlich gar nicht aus. So ein netter Junge und dann so etwas.«

»Es tut mir leid«, wiederholte Jochen.

»Mehr werden Sie von ihm leider nicht erwarten können«, sagte Herr Hamel. »Ihr Mann hat Strafanzeige gegen Unbekannt erstattet. Ich habe da selbstverständlich nicht das Recht, mich einzumischen, aber vielleicht sollte Ihr Mann überlegen, ob er die Anzeige nicht zurücknehmen will. Sie führt doch zu nichts. Sie wissen ja, der Junge ist ohnehin schon in Fürsorgeerziehung. Was soll man sonst noch mit ihm anstellen?«

»Die Hauptsache ist ja, wir haben unseren Pucki wieder«, sagte die Frau. »Alles andere interessiert uns gar nicht, wissen Sie. Aber wir waren natürlich erbost. Eine solche Gemeinheit . . . und dabei . . . wenn man den Jungen so sieht . . . Na, lassen wir's gut sein. Mach so was nicht wieder, mein Junge. Guck mal, das ist doch nun wirklich nicht schön. So'n kleiner Hund. Und dann so'n kleines Mädchen wie die Elke. Das mußt du doch einsehen, Junge.«

»Einsicht ist nicht seine starke Seite«, mischte Herr Hamel sich ein. »Aber wie gesagt, ich freue mich, daß ich Ihnen den Hund wiederbringen durfte. Ein hübscher kleiner Kerl ist das. Ich wünsche Ihnen noch viel Freude mit ihm. Auf Wiedersehen.«

Jochen zögerte noch einen Augenblick, als Herr Hamel sich schon zum Gehen wandte, dann sagte er: »Sagen Sie bitte dem kleinen Mädchen, daß es mir wirklich leid tut.« Er sah dabei die Frau nicht an und ging eilig die Treppe hinunter.

Auf dem halben Rückweg schwieg Herr Hamel, dann sagte er: »Ich habe dich vorhin geschlagen. Das ist gegen die Vorschriften. Wir dürfen das nicht. Ihr steht ja gewissermaßen unter Naturschutz. Ich schlage auch nie, das wirst du zugeben. Meinetwegen kannst du dich beschweren, das ist dein gutes Recht. Ich schlage sonst nie, wenn's auch manchmal in den Fingern juckt, aber bei so viel Gemeinheit ... Ich halte nicht viel von dir, Jäger, das ist dir wahrscheinlich klar. Aber solche Lumperei hätte nicht einmal ich dir zugetraut.«
»Ich beschwere mich nicht«, sagte Jochen, und wenn Herr Hamel es gehört haben sollte, hielt er jedenfalls eine Antwort für unnötig.
Jochen schwankte. Sollte er den Hergang erzählen? Sven war fort. Ihm konnte er nicht mehr schaden. Man holte ihn deswegen bestimmt nicht gleich ins Heim zurück. Aber er mußte noch bleiben, und wenn seine Akte nun auch noch mit diesem Fall belastet wurde, sah es nicht gerade gut für ihn aus. Andererseits – man verpetzt keinen Freund. »Herr Hamel, eigentlich war ich das doch gar nicht.«
»Hör auf! Ich kenne das. Schließlich lese ich Woche für Woche deine Aufsätze. Das mit dem Hund, das war wohl auch deine Mutter, wie? Die ist doch schuld, daß du bei uns bist. Nicht etwa du, bewahre! Deine Mutter! Du schreibst es ja Woche für Woche auf und schämst dich nicht! Und jetzt warst du's natürlich wieder nicht. Wie wird denn Jürgen-Joachim Jäger so etwas tun? Die anderen sind schuld. Das hätte ich auch dann gewußt, wenn du es mir nicht gesagt hättest.« Herr Katz verzog keine Miene, als Jochen und sein Erzieher ihm auf dem Hof begegneten, und gerade daran erkannte Jochen, daß der Heimleiter schon Bescheid wußte.
»Los, zieh dich um! Geh wieder in den Unterricht!«
Aber er kam nicht bis zum Schulhaus. Schwester Maria sah aus dem Fenster des Krankenzimmers und winkte ihn herein.
»Schöne Geschichten hört man da«, sagte sie zur Begrüßung. »Herr Katz hat es mir gleich erzählt, und das ist gut so. Wenn er noch zwei Tage gewartet hätte, dann wäre der Lehrvertrag vielleicht schon unterschrieben gewesen. Aber das schlag dir aus dem Kopf. Du meinst doch nicht, daß ich dich meinem Bruder mit gutem Gewissen ins Haus bringen kann? Nein, mein Junge, das kann ich nicht.«

Sie setzte sich auf ein Bett und sah Jochen an, als wüßte sie keinen Rat mehr.

»Da hat man mal einen gefunden, bei dem man gemeint hat: bei dem lohnt sich's, für den müßte man etwas tun. Und dann das! Gut, daß es noch nicht zu spät ist. Aber eines kann ich dir sagen: Du hast es nicht nur für dich verdorben, sondern für alle. Ich falle auf keinen mehr herein! Auch dann nicht, wenn er so unschuldig aussieht wie du. Vielleicht ist das ungerecht. Vielleicht ist doch einmal einer darunter, der ein anständiger Kerl ist. Mag sein. Aber kann ich's ihm ansehen? Nein. Von jetzt an kümmere ich mich um zerschundene Knie, um Halsentzündungen und Schnupfen. Um mehr nicht! Und dabei hatte ich mich schon so auf dich gefreut! Nun geh schon, daß ich dich nicht mehr sehe!«

Nur gut, daß Jochen wirklich ging. Er brauchte nicht zu sehen, daß sie ihr Taschentuch suchen mußte.

11

Alles hatte sich als viel leichter erwiesen, als Jochen befürchtet hatte. Angespannt lauschend hatte er im Bett gelegen, nachdem Herr Hamel noch einmal durch die Schlafräume gegangen war. Danach ging der Erzieher meistens in sein Zimmer, blieb dort eine halbe Stunde, ging dann oft noch einmal hinaus, kam nach einer weiteren halben Stunde zurück, warf nochmals einen prüfenden Blick in die Schlafräume und zog sich dann endgültig zurück. Für den Plan war die halbe Stunde am günstigsten, in der Hammel vor dem Schlafengehen frische Luft schnappte.

Lautlos hatte Jochen sich wieder angezogen. Der gute neue Anzug war sicher am günstigsten. Mißtrauisch hatte er immer wieder zu den Betten hinüber gesehen, doch keiner der anderen rührte sich. Alle schienen zu schlafen. Und falls ihn doch jemand beobachtete, war das nicht so schlimm. Es würde schon niemand vor morgen früh den Mund aufmachen, und dann hatte er einen ausreichenden Vorsprung. Jochen schlich aus dem Schlafraum, durch den Tagesraum, die Treppe zur Haustür hinunter. Hammel hatte sie nicht abgeschlossen. Die nächste Minute war die gefährlichste des ganzen Unternehmens. Wenn er jetzt gerade

Hammel über den Weg lief, war alles aus. Er durfte auch nicht zum Haupttor laufen, sondern mußte über die Hecke an der hinteren Front des Geländes klettern. Dort lag das Wäldchen, und um diese Zeit hielt sich dort wahrscheinlich kein Mensch auf. Und wenn er jenseits des Wäldchens erst wieder die Straßen erreicht hatte, war schon beinahe alles gelungen.
Ungesehen überquerte Jochen den Hof, lief am Küchenhaus vorbei, umkreiste die Mülltonnen, erstarrte, weil im Mondlicht die Taxussträuche auf den ersten Blick wie unbewegt wartende Menschen aussahen, war an der Hecke und hatte sie eine Minute später überwunden.
Wenn es ganz schlimm kam, hatte er jetzt nur eine Viertelstunde Vorsprung, wenn er Glück hatte, waren es zehn Stunden. Wahrscheinlich begnügte sich Hammel, wenn er von seinem Abendspaziergang zurückkam, mit einem flüchtigen Blick in den Schlafraum. Dann konnte er nicht entdecken, daß Jochen nicht in seinem Bett lag. Die Bücher und die Wäsche, die er unter die Bettdecke gelegt hatte, konnten hinreichend täuschen. Wenn Herr Hamel allerdings von Bett zu Bett ging . . . Aber auch eine Viertelstunde ist eine Menge Zeit. Schließlich wußte man nicht, in welcher Richtung man ihn verfolgen sollte. Dann mußte erst Herr Katz geweckt werden, er rief dann die Polizei an, zog sich an, nahm einen Erzieher mit und fuhr zum Hauptbahnhof. Das war ein bewährtes Rezept. Wurde eine Flucht früh genug entdeckt, so konnte man die Ausreißer meistens auf dem Hauptbahnhof wieder einsammeln.
»Mich finden sie da jedenfalls nicht«, sagte Jochen vor sich hin.
Er hatte das Wäldchen durchquert und eine ruhige Villenstraße erreicht, bald darauf eine der Ausfallstraßen der Stadt. Um diese Zeit war der Verkehr hier noch recht lebendig. Das Kino mußte ungefähr zu Ende sein. Viele Menschen waren auf der Straße, und nicht einer sah Jochen aufmerksamer an, als man gelegentliche Passanten betrachtet.
Einmal heulte ein Auto mit Blaulicht vorbei. Jochen widerstand der Versuchung, sich in einen Hauseingang zu drücken. Vorsicht konnte nur Verdacht wecken. Eilig, doch ohne auffällige Hast ging er weiter. Die Autobahn hatte er nach einer halben Stunde erreicht, eine Viertelstunde später stand er an einer Tankstelle mit einem Schnellimbiß und betrachtete die Autonummern der Wagen, die hier tankten.

»Verzeihung, könnten Sie mich vielleicht mit in Richtung Stuttgart nehmen?«
»Tut mir leid, mein Junge, alles besetzt.«
»Nein. Ich fahre nur noch zwanzig Kilometer, das hilft dir kaum weiter. Such dir lieber einen anderen.«
»Nach Stuttgart? Ganz alleine? Und um diese Zeit! Nee, Bürschchen, ohne mich. Da hilft man einem weiter, und nachher kriegt man nur Ärger.«
»Nach Stuttgart? So weit fahre ich nicht. Aber bis Kassel kannst du meinetwegen mitfahren. Ich setze dich dann im Rasthaus ab, da kommst du sicher bald weiter.«
Der Wagen war schnell. Jochen sah auf den Tacho und rechnete aus, um wie viele Meter er sich mit jeder Minute vom Heim entfernte. Gut 2200 Meter in jeder Minute! Falls man ihn tatsächlich schon suchte, dann bestimmt noch in der Stadt. Und morgen früh war er weit.
Der Mann am Steuer lächelte ihm einmal zu, stellte aber keine Fragen und schien zu keinem Gespräch aufgelegt zu sein. Jochen war es recht.
Er starrte voraus auf das Band der Autobahn. Es fing an zu regnen. Die Scheinwerfer der entgegenkommenden Autos ließen die Tropfen auf der Windschutzscheibe glitzern, doch die Scheibenwischer kehrten das Funkeln beiseite.
Der Wagen war gut geheizt, fast zu warm. Jochen wurde schläfrig, doch er wollte nicht einschlafen.
Wir fahren ein Rennen, dachte er. Großer Preis der Autobahn. Jäger und sein Kopilot liegen gegenwärtig an sechsunddreißigster Stelle, aber sie holen auf. Da, ein Konkurrent ist überholt, noch einer. Noch einer. Jetzt drängten sich von hinten Lichter näher, schoben sich vorbei. Räder wirbelten Feuchtigkeit auf, und der Fahrer spritzte zusätzliches Wasser vor die Wischer, um wieder klare Sicht zu bekommen.
Entgegenkommende Wagen schlugen verschämt die Augen nieder.
Schon zwanzig Minuten waren sie unterwegs. Ungefähr fünfundvierzig Kilometer waren geschafft. Hammel konnte suchen, soviel er wollte. Fünfundvierzig Kilometer waren schon ein gutes Stück Sicherheit. Es gab keinen Grund mehr zur Angst. Jochen konnte sich entspannen, konnte die Augen schließen, auf das gleichmäßige Brummen des Motors lauschen.

»He, Junge! Kassel! Aussteigen! Hast du gut geschlafen?«
»Hm. Ja, vielen Dank für's Mitnehmen.«
Es regnete nicht mehr, aber die Luft war feucht. Jochen fröstelte. Aber da – eine Stuttgarter Nummer! »Könnten Sie mich bitte mitnehmen?«
Der Mann mit der Hornbrille betrachtete den Jungen, der vor ihm stand und ihn fragend ansah, von oben bis unten. »Wie alt bist du denn?«
»Vierzehn.«
»Und dann nachts allein per Anhalter von Kassel nach Stuttgart? Ob da nicht etwas faul ist?«
»Und ob da etwas faul ist!« Jochen fühlte sich ganz sicher und lächelte den Mann an. »Wir sind auf Klassenfahrt, wissen Sie. Und vorhin haben wir hier Pause gemacht, und ich war mal auf der Toilette, und als ich wieder rauskam, war der Bus weg. Stellen Sie sich vor, die sind einfach ohne mich abgefahren. Der Lehrer muß wohl nicht gezählt haben, ob alle wieder da waren. Und jetzt stehe ich schon seit einer Stunde hier, und der Bus ist bestimmt schon hundert Kilometer weg.«
»Und das hat keiner gemerkt?«
»Anscheinend nicht. Ist ja aber auch kein Wunder. Die waren alle schon so verschlafen ...«
Noch ein prüfender Blick. Der Junge sah sehr anständig gekleidet aus, wirkte freundlich und sicher. Offenbar kam er aus einem guten Stall. Wie ein Herumtreiber wirkte er jedenfalls nicht.
»Also gut, steig ein. Vielleicht können wir deinen Bus ja noch überholen. Obwohl eine Stunde Vorsprung natürlich sehr viel ist.«
Auch dieser Fahrer erwies sich als wortkarg. Er brummelte nur einmal etwas über Lehrer, die einfach unverantwortlich seien und denen man eigentlich ein Disziplinarverfahren an den Hals hängen müsse, dann sah er nur noch über sein Steuer hinweg auf die Fahrstrecke, die jetzt ziemlich unbelebt war.
Es mußten Stunden vergangen sein, als Jochen aufwachte. Die Uhr auf dem Armaturenbrett zeigte halb drei. »Ich möchte eine kurze Pause einlegen und etwas trinken. Möchtest du auch?«
»Ich kann nicht. Ich hab keinen Pfennig Geld in der Tasche. Mein Geldbeutel ist im Mantel, und der hängt im Bus.«
»Deine Cola werde ich schon noch bezahlen können, und ein Würstchen auch, wenn du Hunger hast.«

Am Schalter in der Raststätte standen zwei Polizisten und sprachen mit der Buffetdame. Als der Mann und Jochen eintraten, nickten sie und sagten: »'n Morgen.«
Jochen tadelte sich selbst, weil sein Herz ein paar Sekunden lang heftiger geklopft hatte. Zur Aufregung gab es keinen Grund. Alles sah doch so aus, als wäre hier ein Vater mit seinem Sohn unterwegs. Das war unverdächtig.
Jochen verzehrte zwei Cola und zwei Würstchen und sagte: »Können Sie mir vielleicht Ihre Adresse geben? Ich schicke Ihnen das Geld dann gleich zu, wenn ich zu Hause bin.«
Der Mann lächelte. »Laß nur. Das wird mich schon nicht gleich ins Armenhaus bringen.«
Danach sah der Wagen auch wirklich nicht aus.
In den frühen Morgenstunden stieß der Mann seinen Mitfahrer an und sagte: »Ich fahre weiter nach Leonberg. Wo soll ich dich absetzen?«
»Am besten am Stuttgarter Dreieck. Von da aus habe ich's auch gar nicht mehr weit.«
»Ist gut.«
Eine gute Stunde Fußmarsch durch morgendliche Straßen. Dann stand Jochen in der fremden Stadt, in der irgendwo sein Vater wohnen mußte. Entdeckung war nicht zu befürchten. Auf dem Bahnhof wimmelte es von Menschen. Aber wie sollte man hier in der Großstadt einen Vater finden, dessen Wohnung man nicht kannte!
Vielleicht im Telefonbuch?
Jäger gab es viele, Kurt Jäger nur zwei. Welcher war richtig? Der eine war Zahnarzt, das konnte nicht der Vater sein. Der andere hatte keinen Beruf hinter dem Namen stehen. Jochen notierte sich die Anschrift, studierte den Stadtplan, stellte fest, daß die Straße vom Bahnhof nicht allzuweit entfernt war, und machte sich auf den Weg. »Kurt Jäger« stand an der Wohnungstür. Jochen läutete. Ein alter Mann öffnete.
»Ich wollte gern zu Herrn Jäger.«
»Das bin ich. Und was möchtest du von mir?«
»Nein, Sie sind das nicht. Ich meine, Sie sind nicht der Herr Jäger, den ich suche.«
»Weißt du denn die Adresse nicht?«
»Eben nicht. Nur den Namen. Und den Geburtstag weiß ich auch.«

»Dann würde ich es an deiner Stelle auf dem Einwohnermeldeamt versuchen.«
»Ja, das ist ein guter Gedanke. Entschuldigen Sie die Störung.«
Der Beamte auf dem Einwohnermeldeamt war zwar recht ungehalten, aber er suchte schließlich doch in seiner Kartei und nannte Jochen die Anschrift.
Es war fast Mittag. Die beiden Würstchen hatten nicht lange vorgehalten. Der Hunger meldete sich.
Der Stadtplan sagte, daß die Straße, die der Beamte genannt hatte, sich fast am Stadtrand befand. Ein langer Weg.
Und dann war die Tür verschlossen, und niemand öffnete, als Jochen läutete. Nun ja, der Vater war wohl noch bei der Arbeit, aber einmal mußte er ja nach Hause kommen.
Jochen schlenderte durch die Straßen, versorgte sich mit ein paar Äpfeln, die vor einem Laden feilgeboten wurden. Sie stillten den ärgsten Hunger.
Um vier Uhr war der Vater noch nicht zu Hause und um fünf Uhr auch nicht. Doch als Jochen um sechs Uhr noch einmal sein Glück versuchen wollte, sah er den Vater gerade ins Haus gehen und lief ihm nach.
»Vater!«
Der Vater bezog den Ruf nicht auf sich und drehte sich nicht um. Auf der Treppe holte Jochen ihn ein. »Guten Tag, Vater!«
Das Gesicht wirkte ungläubig. »Jochen! Wo kommst du denn her? Groß bist du geworden! Na, komm erst einmal mit rein!«
Der Vater hatte allerlei zu essen im Kühlschrank. Jochen aß heißhungrig und erzählte dabei allmählich seine Geschichte, die sich aus vielen Antworten ergab.
»Und da bist du so einfach zu mir gekommen?«
»Ich wußte doch nicht, wohin ich sonst gehen sollte.«
Der Vater lief auf und ab. »Aber so geht das nun mal nicht, Junge. Deine Mutter hat das Sorgerecht für dich, nicht ich. Ich komme ja in Teufels Küche, wenn ich dich einfach aufnehme. Außerdem kann ich das auch gar nicht. Sieh mal, Jochen, ich heirate demnächst wieder. Meine Braut ist noch sehr jung, erst neunzehn. Der kann ich doch nicht gleich einen vierzehnjährigen Sohn mit in die Ehe bringen, das mußt du einsehen. Wir werden also beide gründlich überlegen müssen, wie es nun weitergehen soll. Heute nacht kannst du erst einmal hier auf der Couch schlafen, und morgen sehen wir dann weiter, ja?«

Jochen war müde und konnte doch nicht einschlafen. Es sah nicht gut aus. Der Vater war nicht unfreundlich gewesen, doch es schien, als hätte er sich alle Mühe gegeben, auch keine Freundlichkeit aufkommen zu lassen. Er hatte allzu große Nähe abgewehrt, weil sie ihm bedrohlich vorkam. Morgen werden wir weitersehen, hatte er gesagt. Was meinte er damit? War denn nicht alles ganz einfach? Jochen war sein Sohn. Sein Sohn wußte nicht mehr weiter. Er hatte sich auf den Weg gemacht und seinen Vater gesucht, der Hunderte von Kilometern entfernt wohnte, und er hatte ihn gefunden. War damit nicht alles entschieden? Was gab es da noch weiterzusehen? Wenn man vierzehn ist, muß man doch ein Recht auf eine Mutter haben und auf einen Vater? Da darf doch die Mutter nicht einfach sagen: Du kommst in ein Heim! Und der Vater kann nicht am Morgen weitersehen wollen. Das ist nicht in Ordnung. Aber was ist schon in Ordnung? Es ist ja alles so durcheinandergeraten, daß es gar nicht mehr in Ordnung kommen kann.

Am Morgen war der Vater sehr freundlich und ein wenig verlegen. »Ich habe gründlich über alles nachgedacht, Jochen. Es war nicht richtig von dir, daß du einfach weggelaufen und zu mir gekommen bist. Du darfst mich nicht falsch verstehen. Ich bin dein Vater, auch wenn ich von deiner Mutter geschieden bin. Ich weiß. Und mir ist auch nicht gleichgültig, was aus dir wird, das darfst du mir glauben. Und wenn du mich einmal brauchst, dann bin ich auch für dich da, das verspreche ich dir. Aber . . .«

»Ich brauche dich doch jetzt.«

»Das bildest du dir ein, Jochen. Du bist versorgt. Man kümmert sich um dich. Es gefällt dir nicht im Heim, das kann ich verstehen, aber du bleibst doch nicht ewig dort. Du wirst wieder entlassen, das ist sicher. Solange mußt du eben die Ohren steifhalten. Das ist im Leben so. Da geht nicht alles immer so, wie man es gern möchte. Man macht seine Fehler, die machen wir alle, und dann muß man eben die Suppe auslöffeln, die man sich eingebrockt hat. Das bleibt keinem erspart. Der eine lernt es früher, der andere später. Wenn du erst ein bißchen größer bist, wirst du das schon begreifen.«

»Zum Kotzen!« dachte Jochen. »Wenn er nur nicht so reden würde. Das könnte auch Hammel sagen. Ganz genauso.«

»Und darum meine ich, du hast einen Fehler gemacht, als du ausgerissen bist. Aber mit den Fehlern ist das so: Manche kann man

einfach wieder durchstreichen, andere lassen sich nie mehr ausbessern. Was du jetzt getan hast, das kann man wieder ungeschehen machen, und das ist die einzig richtige Lösung. Du mußt ins Heim zurück, Jochen. Wenn du dich gut führst, wenn du dir nur ein bißchen Mühe gibst, dann dauert es ja gar nicht mehr lange. Das hältst du doch durch! Du willst doch ein Mann werden!«
»Aber ich halte das nicht mehr aus.«
»Alles Einbildung, Jochen. So etwas darf man sich gar nicht erst einreden. Du wirst schon sehen, es geht. Ich gehe nachher mit dir zum Jugendamt, und die veranlassen dann schon alles, was getan werden muß, und du wirst wieder in dein Heim zurückgebracht. Vielleicht nimmst du mir das jetzt übel, Jochen. Das könnte ich sogar verstehen. Aber du siehst bestimmt noch einmal ein, daß ich recht gehabt habe.«
Er zog seine Brieftasche. »Hier, damit du wenigstens etwas von deinem Vater hast. Vielleicht kannst du dir damit einen Wunsch erfüllen.«
Ein Fünfzigmarkschein!
»Ich hab keinen. Ich will bloß nicht mehr ins Heim zurück!«
»Es gibt auch Wünsche, die man sich nicht erfüllen kann. Auch das geht uns allen so, und vielleicht ist es gar nicht schlecht, wenn man es jung lernt.«
Es war zwecklos, länger mit dem Vater zu reden.
Aber nachher, als sie gemeinsam losgingen, weil der Vater ihn zum Jugendamt bringen wollte, wartete Jochen mit gespannten Sinnen auf die erste günstige Gelegenheit. Sie bot sich an der Straßenbahnhaltestelle. Als ein Zug heranrollte, sprang Jochen einen halben Meter vor dem Wagen vorbei, war schon auf der anderen Straßenseite, ehe der Vater ihn noch sehen konnte, lief weiter, bog um eine Ecke, sah ein Geschäft, lief hinein, entdeckte, daß er Glück gehabt hatte, denn es gab noch einen hinteren Ausgang, und war verschwunden.
Vielleicht lief der Vater ihm jetzt nach, suchte ihn noch einige Zeit und gab es dann auf. Möglich war auch, daß er sich das Suchen ersparte und froh war, daß er sich keine weitere Mühe zu machen brauchte. Jochen war es gleichgültig. Nur aus Stuttgart mußte er fort. Man brauchte verhängnisvolle Zufälle nicht unbedingt herauszufordern. Und er hatte jetzt fünfzig Mark in der Tasche; viel mehr Geld, als er je zuvor besessen hatte. Davon konnte man essen und trinken. Es reichte sicher viele Tage.

Am ersten Tag war schönes Wetter. Ein Omnibus brachte Jochen in einen Nachbarort. Dort ging er ins Kino, bummelte dann durch die Straßen, kaufte sich gegen Abend ein Taschenbuch, um sich die Zeit zu vertreiben, dachte nach, wo er schlafen sollte. Er hatte Geld. Aber ein Hotel war bestimmt sehr teuer, und es war auch fraglich, ob man dort einen vierzehnjährigen Jungen aufnahm, der sich noch nicht einmal ausweisen konnte. Und in Jugendherbergen brauchte man auch einen Ausweis und erregte nur Verdacht, wenn man ohne Gepäck um Aufnahme bat. Aber am Stadtrand fand Jochen eine Scheune, und es schlief sich recht gut darin.

Am zweiten Tag brauchte er lange, um alles Stroh aus den Haaren und den Kleidern zu lesen, und dann mußte er auch einen Kamm kaufen und ein Stück Seife. Der Anzug verlor schon die Bügelfalten und sah ein wenig zerdrückt aus. Vielleicht war es doch besser, wenn er sich in der nächsten Nacht zum Schlafen auszog; aber es war kühl in den Nächten.

Man kommt nicht schnell voran, wenn man nicht weiß, wohin man eigentlich will.

Am dritten Tag stahl Jochen ein Fahrrad, fuhr dreißig Kilometer und ließ es dann an einer Straßenecke stehen. Ein anderes Rad trug ihn noch einmal zwanzig Kilometer weiter.

Der vierte Tag brachte einen Regenguß, als Jochen gerade mitten auf der Landstraße war, die weit und breit keinen Schutz zu bieten hatte. In den Schaufensterscheiben der nächsten Stadt sah er, daß mit seinem Anzug wirklich kein Staat mehr zu machen war. Wenn er so weiter zwischen Menschen herumlief, mußte er auffallen. Es war besser, sich verborgen zu halten. In der Nacht kam man sicher leichter voran und war vor neugierigen Blicken geschützt.

Am fünften Tag waren nur noch fünf Mark übrig.

Am sechsten Tag dachte Jochen zum erstenmal daran, daß es besser wäre, aufzugeben.

Am siebenten Morgen erwachte er wieder in einer Feldscheune, und alle Glieder taten ihm weh. Die Sonne wollte nicht wärmen. Das Geld war alle, und er wußte nicht genau, wo er jetzt war, in welche Richtung er in den vergangenen Tagen gegangen und gefahren war. Eigentlich war es auch gleichgültig. Aber wie sollte es weitergehen?

Ohne Geld wurde alles noch schwieriger. Irgend etwas mußte

man essen und trinken, und Betteln ist schwieriger als Stehlen. Aber stehlen wollte Jochen nun nicht mehr. Was also tun?
Er blieb in der Feldscheune sitzen, bis die Sonne zeigte, daß es schon fast Mittag sein mußte. Dann erhob er sich, ging auf die Landstraße hinaus und lief entschlossen auf den nächsten Ort zu. Gleich hinter dem Ortsschild spielten Kinder. Sie sahen Jochen kommen und bestaunten ihn mit offenem Munde.
»Ich sehe wie ein Landstreicher aus«, dachte er. »Ich bin ja auch einer.«
Unter dem Schild »Polizei« blieb er ein Weilchen zögernd stehen, dann drückte er die Tür auf und sagte: »Ich bin Jürgen-Joachim Jäger. Ich bin aus der Fürsorge ausgerissen. Bringen Sie mich bitte zurück.«

12

Daß Herr Katz nichts mehr von der Freundlichkeit erkennen ließ, die er doch zuletzt gezeigt hatte, wunderte Jochen nicht. Er hatte sein Versprechen nicht gehalten, und durch seine Flucht hatte er zusätzliche Arbeit verursacht. Das konnte Herrn Katz nicht gerade freuen.
Auch daß er zunächst drei Tage in Absonderung gehalten wurde, machte ihm wenig aus. Eigentlich fand er es sogar ganz angenehm, denn er fürchtete sich vor dem Augenblick, da er wieder in der Gruppe erscheinen und die als Anteilnahme mühselig getarnte Schadenfreude der anderen Jungen über sich ergehen lassen mußte, und auch der Gedanke an Herrn Hamel war wenig geeignet, so etwas wie Sehnsucht zu wecken.
So schlecht war die Absonderung anfangs gar nicht. Man war für sich allein, bekam zu essen wie alle anderen, wurde den ganzen Tag sonst nicht gestört. Schade war nur, daß nicht einmal Bücher erlaubt waren. Das minderte den Genuß des Alleinseins schon am ersten Tag. Und am nächsten war die Stille in dem kleinen Zimmer schon bedrückend. Es gab nichts zu tun. Man konnte sich nicht beschäftigen. Nur Gedanken waren möglich, und sie stellten sich ein und wurden bald unerträglich. Wie sollte alles weitergehen?

Nachgeben ist nicht leicht, und doch hatte Jochen nachgegeben. Er hatte seine Flucht freiwillig aufgegeben, weil sie ihn an kein Ziel geführt hatte und weil er keines wußte. Das Heim war, daran zweifelte Jochen nicht mehr, immer noch besser als das Alleinsein auf Landstraßen, das Verbergen vor vorüberkommenden Polizisten, das Schlafen im Stroh, das Ausgesetztsein. Die Freiheit unterwegs war gar keine Freiheit. Aber durch sein Nachgeben hatte er nur eine andere Unfreiheit eingetauscht. Er war wieder der Monotonie dieses Lebens hier unterworfen, mußte wieder in einem Rhythmus leben, über den er nicht verfügen konnte, mußte jedes Tun vom Morgen bis zum Abend nach fremden Willen einrichten.

Welche erneute Nachgiebigkeit konnte davon befreien? Sollte er sich den Plänen des Herrn Möller fügen, darauf hoffen, daß er in wenigen Monaten schon das Heim verlassen könnte, eine Lehrstelle bei dem Bekannten bekäme, in ein Lehrlingsheim zöge und abwartete, bis es der Mutter und dem Stiefvater gefiel, ihn nach Hause zu nehmen? Das würde wohl erst in drei Jahren sein, wenn er seine Lehre abgeschlossen hätte. Und dann blieb nicht viel Zeit, ehe er wieder fort mußte. Dann ging es zur Bundeswehr. Und dann ... Aber es war so schrecklich sinnlos, sich auszumalen, was später einmal geschehen könnte. Wer selbst in den kleinsten Einzelheiten nicht über sein Leben verfügen kann, der kann auch keine Pläne mehr schmieden, kann nicht mehr richtig hoffen.

Schwester Maria kam einmal, um nach Jochen zu sehen, doch ihr Gesicht und jede ihrer Bewegungen sagten, daß sie damit nur eine Pflicht erfüllte. Sie hatte sich zu überzeugen, daß ein entwichener Zögling bei seiner Rückkehr kein Ungeziefer ins Heim einschleppte. Sie tat es sachlich und schnell, sprach kaum ein Wort und war wieder verschwunden.

Am dritten Tag brachte Herr Katz selbst einen Bleistift und Papier und forderte Jochen auf, einen Fluchtbericht zu schreiben. In allen Einzelheiten sollte er berichten, was er während der Zeit seiner Abwesenheit erlebt habe. Jochen tat es und ließ nur jeden Hinweis auf die Fahrräder aus, die er im Laufe der Tage gestohlen und jeweils wieder zurückgelassen hatte.

Er schlief schlecht. Das Bett war besser als das Stroh in einer zugigen Scheune, doch die Unbeweglichkeit des Tages ließ keine rechte Müdigkeit aufkommen. Und die Gedanken ließen sich

nicht einfach abschalten, wenn es dunkel wurde. Es war doch gut, daß die Absonderung nach drei Tagen vorüber war.
Im Schlafraum war noch alles unverändert. Man hatte gar nicht erst den Schrank ausgeräumt und das Bett abgezogen. Aus Erfahrung wußte man, daß entwichene Zöglinge sich bald wieder einstellten. Die meisten wurden ergriffen, manche von den Eltern wiedergebracht, einige, wenn auch wenige, kehrten freiwillig zurück.
Herr Hamel hatte einen Brief für Jochen. Sven hatte geschrieben. Es gefiele ihm sehr gut, und die Arbeit in der Gärtnerei mache viel Spaß. Er denke oft an Jochen, und vielleicht könnten sie sich bald einmal wiedersehen. Die anderen solle er auch grüßen, und er wünsche allen, daß sie auch bald entlassen würden.
Herr Hamel hatte den Brief gelesen. »Bald entlassen«, sagte er. »Bei dir kann davon wohl einstweilen nicht mehr die Rede sein. Mit deinem Ausreißen hast du ganz schön Minuspunkte bei mir gesammelt, und du mußt dir schon Mühe geben, wenn du die einmal wieder ausgleichen willst.«
Dieses Entweichen hatte Herr Hamel schon deswegen besonders geärgert, weil Herr Katz ihn scharf getadelt hatte. Er hätte die Haustür nicht unverschlossen lassen dürfen. Herr Katz hatte gut reden. Im Grunde wußte er doch genauso gut wie Herr Hamel, daß auch eine verschlossene Tür einen Jungen nicht aufhalten kann, der eine Flucht geplant hat. Den ganzen Tag über gab es tausend Gelegenheiten, einen solchen Plan in die Tat umzusetzen. Aber wenn jemand erst Heimleiter wurde und mit der Alltagspraxis kaum noch etwas zu tun hatte, vergaß er offenbar alles, was die Erfahrung ihn lehren konnte.
»Dann war noch ein Paket für dich gekommen. Ein großes Kuchenpaket. Wir mußten deine Mutter ja ohnehin anrufen, um festzustellen, ob du da warst. Da haben wir gleich gefragt, ob wir es zurückschicken sollten oder ob wir es unter die anderen Jungen verteilen könnten. Die anderen haben sich gefreut. Auf diese Weise haben sie einen Vorteil von deiner Flucht gehabt.«
Jochen gönnte es ihnen.
Mehr wußte Herr Hamel nicht zu sagen, und für ihn war dieser Fall damit abgeschlossen. Er erkundigte sich nicht einmal, wie es Jochen während der verflossenen Woche ergangen sei.

Den Stubenkameraden fiel auf, daß Jochen seit seiner Rückkehr verändert war. Vorher war er zwar zumeist mit Sven zusammen gewesen, doch er hatte sich nicht von den Unternehmungen der anderen ausgeschlossen. Er hatte mit ihnen Fußball gespielt, hatte leidenschaftlichen Anteil an ihren Streitigkeiten und Raufereien genommen, hatte sogar manchmal schlichtend eingegriffen und zu allem seine Meinung gesagt, was umstritten war. Man hörte immer auf seine Meinung, denn daß er klüger war als die meisten anderen, gaben auch die Jungen zu. Und sie mochten ihn recht gern.
Jetzt hielt er sich abseits. Er sagte kaum mehr ein Wort. Nicht etwa, daß er unfreundlich geworden wäre, daß er Streit suchen wollte oder die anderen, wenn sie sich an ihn wandten, grob abgewiesen hätte.
Er war unbeteiligt. Meistens hielt er sich allein, lag auf seinem Bett, las nicht mehr, wie er es sonst immer getan hatte, starrte nur auf den Matratzenschoner des oberen Bettes, eine Stunde, zwei Stunden, und blieb stumm.
Draußen spielte er nicht mehr mit. Als seltsamen Lieblingssitz hatte er sich eine Mülltonne ausgesucht. Dort saß er, und es sah manchmal aus, als sähe er den anderen wenigstens noch zu, doch auch das war nicht sicher.
In der Schule hatte er in den letzten Wochen sein Licht leuchten lassen, hatte spielerisch seine Überlegenheit bewiesen. Jetzt schwieg er auch dort, meldete sich nicht mehr, wußte keine Antwort, wenn er gefragt wurde.
»Der wird schon wieder«, meinte Klaus. »Wenn ich ausgerissen bin und wiederkomme, habe ich auch jedesmal so was wie 'nen Kater, aber das gibt sich.«
Der Friseur hatte Jochens Haar sehr kurz geschnitten. Die paar Stoppel erinnerten kaum noch an die schwarze Lockenpracht. Anspielungen darauf konnten Jochen nicht einmal erbosen.
»Mensch, Jochen«, sagte Klaus eines Tages, »du drehst doch bloß durch, wenn du so weitermachst. So tragisch ist das doch gar nicht, daß du wieder hier bist. Wenigstens warst du mal ein paar Tage raus aus dem Laden hier.«
»Hm«, sagte Jochen, kletterte von seiner Mülltonne und ging ins Haus und auf sein Bett.
»Heimkoller«, sagte Jürgen. »Geht vorbei.«
Dann entschloß Jochen sich plötzlich, einen Brief an seine Mut-

ter zu schreiben, was er sonst nur tat, wenn er vom Erzieher dazu aufgefordert wurde. Es wurde ein sehr kurzer Brief, und Herr Hamel schüttelte den Kopf, als er ihn las. Der ganze Brief lautete nur: »Liebe Mutti, hol mich hier raus! Ich gebe mir auch Mühe! Dein Jochen.«
Zwei Tage später kam eine Karte der Mutter. Sie schrieb, in drei Wochen wolle sie wieder zum Besuchstag kommen, und dann könne man sich noch einmal über alles unterhalten, aber Jochen solle einsehen, daß es so am besten sei, wie sein Stiefvater alles geplant habe. Man denke doch ständig an seine Zukunft, und er solle nicht alles noch schwieriger machen, als es ohnehin schon sei. Mit vierzehn Jahren müsse ein Junge eigentlich schon genug Vernunft aufbringen und einsehen können, daß nicht alles nach seinem Willen gehen könne. »In Liebe, Deine Mutti.«
Jochen las die Karte beim Mittagessen, obwohl Herr Hamel von den Jungen erwartete, daß sie ihre Post erst nach Tisch lasen. Er beobachtete Jochen dabei und wunderte sich, daß der Inhalt, den er kannte, den Jungen zum ersten Lachen seit Tagen reizte. Dann sah er, daß Jochen die Karte sehr säuberlich zerriß, als wäre die Zerkleinerung ein ungemein wichtiger Vorgang, und die Schnitzel in die Tasche steckte.

»Vergiß nicht, daß du deinen Aufsatz noch abgeben mußt«, sagte Herr Hamel. »Die Überschrift wirst du ja allmählich kennen. Und ich würde mich freuen, wenn ich nicht immer nur dieselben eigensinnigen Unwahrheiten zu lesen bekäme.«
Eine Stunde später klopfte Jochen bei Herrn Hamel, trat ein, legte mit unbewegtem Gesicht das Blatt Papier auf den Tisch und war wieder hinaus, ehe der Erzieher noch etwas sagen oder einen Blick auf den Aufsatz werfen konnte.
In der stillen Erwartung, daß dieselben Sätze wie seit Monaten auf dem Papier ständen, warf Herr Hamel zunächst nur einen flüchtigen Blick darauf, stutzte und las:
»Warum ich hier bin!
Ich bin hier, weil ich gestohlen habe, weil ich einen anderen Jungen halb totgeschlagen habe, weil ich einem Mädchen eine Kette abgerissen habe. Ich bin hier, weil ich nichts tauge und weil ich ein Lump bin, aus dem nie etwas werden wird. Ich muß dankbar sein, daß ich hier sein darf, weil man sich hier Mühe gibt, doch noch etwas aus mir zu machen, aber es hat keinen Zweck, es wird

ja doch nichts aus mir, und das ist gar nicht so schlimm, weil ja doch keiner mehr etwas von mir wissen will.«
Und dann hatte Jochen noch ein übriges getan und seinen vollen Namen unter diesen Aufsatz geschrieben, als wollte er ihn durch diese Unterschrift bekräftigen und in den Rang eines Geständnisses erheben.
Herr Hamel las die wenigen Zeilen sehr aufmerksam, las sie noch einmal, als müsse er sie sich sehr genau einprägen, griff schnell zum Locher, dann nach der Akte, die Jochens Namen trug, und heftete das Blatt zu den übrigen.
»Jetzt habe ich ihn soweit«, dachte der Erzieher. »Endlich gibt er seinen Dickkopf auf. Vielleicht kann doch noch etwas aus ihm werden.«
Zum erstenmal war er mit Jochen zufrieden.

»Jojo ist weg!«
Die Jungen, die schon lange genug im Heim waren, erinnerten sich an viele Fluchtversuche, und für gewöhnlich war die Tatsache, daß einer von ihnen verschwunden war, höchstens der Anlaß zu Wetten über die voraussichtliche Zeitspanne, bis der fehlende Gruppenkamerad wieder auftauchte.
Obwohl Jochens Verschwinden nicht anders war als jedes andere Verschwinden, empfanden die Jungen es diesmal als ungewöhnlich. Jochen war gerade erst von seiner vorigen Flucht zurückgekehrt, und in den letzten Tagen hatte er sich so seltsam benommen.
Auch Herr Hamel war beunruhigt, denn nach dem gestrigen Aufsatz hatte er mit dem Beginn einer inneren Umkehr gerechnet, und diese erneute Flucht paßte nicht in seine Vorhersagen.
Herr Katz setzte den üblichen Mechanismus in Tätigkeit. Die Anrufe bei der Mutter, die in den nächsten zwei, drei Tagen wiederholt wurden, ergaben, daß Jochen dort nicht aufgetaucht war. Die Jugendbehörde in Stuttgart stellte fest, daß der Junge sich auch nicht erneut bei seinem Vater gemeldet hatte. Die Polizei war verständigt und suchte den Verschwundenen.
Schwester Maria hielt Herrn Hamel auf dem Hof an und sagte ihm: »Und dabei wollte ich ihm heute sagen, daß mein Bruder ihn doch nehmen will. Ich habe ihm ja abgeraten, aber mein Bruder hat gemeint, der Junge sei bestimmt gar nicht so schlecht, aber aus einem Affenkäfig wie hier würde er auch ausbrechen,

und die Sache mit dem Hund sei doch bloß ein dummer Streich und aus purer Angst entstanden. Und nun ist er wieder weg!«
Sie schien wirklich bekümmert zu sein, und Herr Hamel schüttelte den Kopf und meinte: »Für einen Augenblick habe ich mir ja auch Hoffnungen für ihn gemacht, aber es zeigt sich wieder einmal, daß man von diesen Burschen einfach nichts erwarten darf, wenn man nicht enttäuscht werden will.«

Es war Jochen nicht schwergefallen, seine Heimatstadt zu erreichen. Per Anhalter reist es sich leicht.
Die Nacht hatte er im Kiosk im Sportstadion verbracht. Es war jetzt nicht mehr kalt, und man konnte es dort aushalten. Jetzt stand er in einem Hauseingang gegenüber dem Lebensmittelgeschäft Albert Möller und war sicher, daß man ihn von dort aus nicht sehen konnte. Um acht Uhr öffnete Herr Möller seinen Laden. Gleich darauf trat die Mutter vor die Schaufenster, stellte ein paar Auslagekörbe ab, verschwand wieder. Die ersten Kunden kamen.
»Das wär's«, sagte Jochen und sprang aus seinem Versteck, lief die Straße hinunter und war gleich darauf um die nächste Ecke verschwunden.
Das Warenhaus hatte auch schon geöffnet. Zu dieser frühen Stunde kauften vor allem Hausfrauen ein. Die Rolltreppe war noch nicht sehr belebt. Jochen fuhr ein paarmal auf und ab, begegnete auch dem Angestellten, der ihn damals festgehalten hatte, und nickte ihm freundlich lächelnd zu. Der Mann nickte zurück, doch er schien sich nicht an Jochen zu erinnern. Jungen, die bei Warenhausdiebstählen erwischt werden, sind Routinefälle, die man bald wieder vergißt.
An der Schallplattenbar war Jochen der einzige Hörer. Erst nach ein paar Plattenlängen stand er wieder auf und schlenderte weiter.
Er hatte noch keinen Plan. Zur Mutter wollte er nicht. Sie brachte ihn doch gewiß nur ins Heim zurück. Aber ihn sollte das Heim nicht wiederbekommen.
Es hatte gar keinen Zweck, sich Illusionen zu machen. Diese Flucht war so wenig durchzuhalten wie die erste. Man konnte nicht ewig in Sportstadien nächtigen und von gelegentlich gestohlenen Äpfeln leben. Aber man konnte auch nicht jedesmal zur Polizei gehen und sagen: Bringen Sie mich ins Heim zurück.

Man mußte sich etwas einfallen lassen; keinen Ausweg, denn den gab es ohnehin nicht mehr. Aber irgend etwas, das auffiel. So sehr auffiel, daß die Mutter bestimmt davon hörte. Sie vor allem. Sie hatte ihn fortgeschickt. Und Herr Möller mußte es erfahren. Wenn er ihm die Mutter nicht weggenommen hätte, wäre bestimmt alles anders gekommen. Und Axel, ja, der auch, der mit seiner Frage: »Kriege ich eins ab?« Und Elvira. Und sein Vater. Und Herr Katz, Herr Hamel, Schwester Maria. Alle mußten erfahren, daß Jochen sich wehrte.
Aber was? Ganz gleich, wenn es nur auffiel. Je verrückter, desto besser. Wenn es nur dafür gut war, daß er Ruhe hatte vor der Mutter und vor dem Heim. Irgend etwas.

»Ja, hier Katz!«
»Kriminalpolizei. Herr Katz, wir wollten Ihnen nur gleich Bescheid sagen, daß Sie sich um Ihren Zögling Jürgen-Joachim Jäger keine Sorgen mehr zu machen brauchen. Wir haben ihn heute festgenommen. Der Bursche muß völlig durchgedreht sein. Stellen Sie sich vor: Am hellichten Nachmittag erst vier Warenhausdiebstähle, und dabei ist er nicht erwischt worden. Das Zeug hat er auf der Straße kleinen Kindern geschenkt, sagt er. Dann in der Dämmerung einen Kioskeinbruch. Direkt an einer belebten Straße. Keiner hat's gemerkt. Wir wüßten nichts davon, wenn er es uns nicht selbst erzählt hätte. Das war gestern. Dann gibt er an, er hätte in einer Wohnung Fensterscheiben eingeworfen, aber er will nicht sagen, wo das war, und eine Anzeige ist nicht eingegangen. Bisher jedenfalls nicht. Von dem Kioskeinbruch hatte er ein bißchen Geld. Damit hat er sich betrunken. Und dann hat er sich auf die Stufen vor dem Geschäftseingang seines Stiefvaters gesetzt und hat dort geschlafen, bis eine Polizeistreife ihn geweckt hat.«
»Aber das klingt doch alles ganz und gar unsinnig! Hat er den Verstand verloren?«
»Ich weiß nicht. Den Eindruck haben wir eigentlich nicht, aber der Haftrichter meint, es müsse wohl ein Psychiater hinzugezogen werden.«
»Was hat er denn gesagt, als er festgenommen wurde?«
»Nicht viel. ›Na, endlich!‹ hat er gesagt. Das war alles.«
»Ich danke jedenfalls für die Nachricht. Wo ist er jetzt?«
»Vorerst in Haft. Es ist möglich, daß er auf freien Fuß gesetzt

wird. Er hat ja eine endlose Liste von Straftaten gestanden, sogar solche, die schon in eine Zeit fielen, als er noch gar nicht strafmündig war. Es gibt eigentlich keinen Grund, ihn noch lange festzuhalten. Aber, stellen Sie sich vor: er will gar nicht raus! Dem Haftrichter hat er gesagt: ›Behalten Sie mich mal lieber hier, Herr Richter. Das ist wenigstens ein richtiges Gefängnis.‹ Und dann hat er gefragt: ›Aber zu lesen kriegt man doch was in der Zelle, oder?‹ Ein merkwürdiger Junge. Also, guten Abend, Herr Katz!«

Herr Hamel räumte Jochens Schrank aus und stellte gewissenhaft eine Liste der Gegenstände auf, die an die Eltern geschickt werden mußten. Dann befahl er einem der Jungen, Jochens Bett abzuziehen, und ging in sein Zimmer zurück.

»Ich hab's gleich gewußt«, dachte er. »Gleich als ich ihn das erste Mal gesehen habe. Dieser Jäger war einer von denen, mit denen es nur Schwierigkeiten gibt. Wenn man so lange im Dienst ist, kennt man sich schließlich aus.«

Und dann dachte er: »Ich bin gespannt, was jetzt für ein Neuer kommt.«

Nachwort

Liebe Leserinnen und Leser,

oft werde ich gefragt, ob die Geschichte wahr sei, die in diesem Buch aufgeschrieben ist. Darauf antworte ich: Sie ist frei erfunden – aber sie ist wahr.

Es hat diesen Jochen Jäger, diesen Herrn Hamel und dieses Heim nie gegeben; aber darauf kommt es nicht an.

Man kann heute auch nicht mehr auf dieselbe Weise Erzieher werden, wie Herr Hamel es geworden ist. Man verlangt heute eine sorgfältige Ausbildung an einer Fachschule für Sozialpädagogik. Auch das ist nicht wichtig.

Ich wollte keine Reportage schreiben und auch keinen Bericht über die Zustände in einem Heim. Ich kenne viele Heime, kenne viele Mädchen und Jungen, die in ihnen leben, kenne viele Erzieher und weiß, daß sie eine schwere Arbeit leisten und daß die weitaus meisten von ihnen es mit sehr viel Liebe und sehr viel Einsatz tun. Ich fände es ungerecht, einen Erzieher wie Herrn Hamel als typisch hinzustellen. Freilich sehe ich ihn auch nicht als einen Bösewicht, sondern als einen Menschen, der darunter leidet, in einem Beruf zu stehen, dem er nicht gewachsen ist.

Es kam mir auch nicht darauf an, eine »kriminelle Laufbahn« zu schildern. Ich wollte nicht den Zeigefinger drohend schwenken und sagen: Seht ihr, so geht's, wenn man im Warenhaus Bonbons stiehlt!

Ich wollte die Geschichte einer Vereinsamung erzählen. Die Geschichte eines Jungen, der nicht zurechtkommen kann, weil auch Menschen, die es gut mit ihm meinen, im jeweils entscheidenden Augenblick versagen, nicht da sind, nicht helfen. Nicht etwa, weil sie böse wären, sondern weil sie genauso fehlerhaft sind wie jeder von uns. Und so gedankenlos auch.

Dieses Buch erzählt nicht von der Kriminalität, sondern von der Hilfsbedürftigkeit. Es will keinen Schuldigen darstellen, sondern nur Menschen, die sich in entscheidenden Augenblicken falsch

verhalten. Zu ihnen gehört Jochen selbst nicht mehr und nicht weniger als alle anderen.
Wie es mit Jochen weitergeht? Ich weiß es nicht, denn ich habe die Geschichte ja nicht weitererfunden. Es wird von den Menschen abhängen, denen er begegnet. Und von ihm.

Hans-Georg Noack